Marie Josenhans

Meine alten Weiblein

Alltagserlebnisse aus der alten armen Zeit

Quell Verlag Stuttgart

1. Auflage dieser Ausgabe 1985, 1.-10. Tausend
2. Auflage 1987, 11.-15. Tausend
3. Auflage 1991, 16.-18. Tausend

ISBN 3-7918-2173-3

Umschlaggestaltung: Heinz Simon, Quell Verlag
Gesamtherstellung: Quell Verlag, Stuttgart

Inhalt

5 Zum Geleit
7 Vorwort zur ersten Auflage 1906
9 Frau Keppler
16 Frau Streng
18 Frau Kanz
28 Wasser-Emilie
33 Hannele Stauch
35 Frau Kiefer
43 Fräulein Eleonore
48 Frau Emmert
51 Frau Back
55 Frau Gahl
61 Frau Zwisele
64 Frau Rauch
69 Frau Schondelmaier
78 Frau Sauer, vormals Bullinger
82 Frau Döhlemann
86 Frau Hald
89 Frau Patent

Zum Geleit

Vor dem Ersten Weltkrieg lebten die »alten Weiblein«, denen Marie Josenhans mit ihren Geschichten ein Denkmal setzte.
Die runzligen Gesichter, denen warmes Wasser und wohlduftende Seife selten zu nahe kamen, sind auch heute noch voller Leben; heute noch verwundern wir uns, wie diese vom Glück nicht verwöhnten Gestalten in einfältiger Weisheit, mit Geduld und Witz ihr Schicksal auszuhalten verstanden.
Ihr Leben spielte sich in manchmal närrisch engen Grenzen ab; die Tragfähigkeit ihrer Seelen erwies sich jedoch standfest gegenüber Ängsten und Verzweiflung.
Es ist keine Frage, daß heutige Leser, alte und junge, sich mit diesen »alten Weiblein« wieder anfreunden werden.
Wer bliebe wohl unberührt von der Erzählkunst und Herzenswärme der Fürsorgerin Marie Josenhans, die sich, wie ihre Schutzbefohlenen, vor allem durch ihre Menschlichkeit auszeichnete!
Die Geschichten sind Kostbarkeiten schwäbischen Humors. Nichtschwäbischen Lesern sei deshalb empfohlen, nicht locker zu lassen, bis sie den Sinn der in der heimischen Mundart festgehaltenen Aussprüche durchschaut haben. Eine echte Hilfe kann dafür sein, die Geschichten laut zu lesen: Das ganze Büchlein ist auf Vorlesen angelegt! Wir wünschen unsern Lesern vergnügte und nachdenkliche Stunden damit!

Dr. Hartmut Metzger

Vorwort zur ersten Auflage 1906

Da sitze ich wieder einmal vor meinem Schreibtisch am Fenster. Draußen geht der kurze Wintertag zu Ende und ins Zimmer schleichen dämmernde Schatten. Wie von fern klingt der Straßenlärm in unser hohes Stockwerk. Ein Abend wie zum Sinnen und stillen Erinnern.

Gestalten steigen herauf, sonderbar ärmliche, wunderliche; alle aus der Welt, die seit Jahren die meinige ist. Denn wo einer seines Lebens Freude und Befriedigung findet, da ist seine Welt.

Meine Armen sind's, meine alten Weiblein, die mich besuchen und die mir alle wieder lebendig werden in dieser Abendstunde, ob sie auch viele schon draußen schlafen.

Da sind sie mit ihren runzligen Gesichtern und weiten Zahnlücken: Du mit deinem schmutzigen Häubchen und dem freundlichen Lächeln darunter, die mir immer versichert hat, ich werde einmal arg Heimweh nach ihr bekommen; du andere mit der drolligen großen Rute in der Hand, die sehr drohend aussehen soll; und du armes, verlassenes Menschenkind mit den dankbaren Augen. Ihr alle mit euren eigenen, fest ausgeprägten, charakteristischen Zügen!

Oft bin ich schon gebeten worden, von ihnen zu erzählen. Ich will's jetzt versuchen. Und sollt' es mir ein Scherflein von Gewinn eintragen, so kommt's ihnen zu gut. 's ist nicht lauter Schönes und Harmonisches, nicht viel Erbauung.

Aber einen Blick wird's vielleicht tun lassen in das Leben dieser Kleinen und Unbekannten, deren naive Anschauungen so oft zum Lachen reizen, deren Derbheiten vielleicht machmal entrüsten, in deren Herzen aber auch manch heller Edelstein leuchtet, nach dem wir selbst Verlangen tragen.

Stuttgart, Dezember 1906. M. J.

Frau Keppler

Sie hätte es nicht ungern gesehen, wenn dies Büchlein zu ihren Lebzeiten erschienen wäre, denn ihren Namen gedruckt zu sehen, das blieb ihr Wunsch bis in ihr hohes Alter. Gleich nachher machte sie sich aber immer die bittersten Vorwürfe, wenn sie ihn geäußert hatte, und war oft ganz traurig, daß dieses Stück Hochmut gar nicht auszurotten sei. »'s ischt eba a Stück vom ›Nimrod‹ en mer«, pflegte sie dann zu sagen, »mei Großvater ischt G'hilf bei m'a Förschter gwä!«
In einem Verein, der durch Handarbeit für die Armen der Stadt tätig war, habe ich ihre Bekanntschaft gemacht.
Sie selbst war arm, bitter arm, aber allezeit fröhlich und ohne Sorgen, weil sie ein felsenfestes Gottvertrauen hatte. Deutlich sehe ich ihr gutes, altes Gesicht vor mir, eifrig über eine kleine Maschine gebeugt, die sie unserem Verein vermacht hat. Darauf nähte sie jedesmal unverdrossen den ganzen Nachmittag. Winzige Trikothemdchen, rosa und gelb mit zierlichen Spitzchen besetzt, oder auch weiche Schuhe aus unzähligen Flicken in unmöglichen Farben.
Überhaupt diese Schuhe! Die waren ihre Spezialität! Mit denen beschenkte sie ihre Freunde am liebsten. Und jedes Jahr am 1. April wanderte ein Paar besonders scheckige mit prächtigen Schnallen, deren Auswahl allemal viel Kopfzerbrechen gekostet hatte, in die Welt hinaus. Der 1. April war nämlich der wichtige Tag, an dem

sie im gleichen Jahr mit unserem Bismarck das Licht der Welt erblickt hatte. Er bekam die Schuhe mit einem jedesmaligen feierlichen Gratulationsbrief.

Es sei höchste Zeit, daß sie beide endlich gescheit würden, schrieb sie drin an ihrem 70. Geburtstag.

Einmal fragte sie mich allen Ernstes, ob sie bei Angabe ihrer Hausnummer nicht 11 statt 10 ½ schreiben solle, 10 ½ klinge gar so ärmlich.

Was war's dann allemal für ein Fest, wenn trotz der ärmlichen Hausnummer das alljährliche Danksagungsschreiben von Berlin einlief! Von Haus zu Haus wurde es getragen und schließlich verschenkt, weil sie ja alles verschenken mußte!

Ehe ich aber weiter erzähle, muß ich zuerst ihre Wohnung beschreiben. Diese bestand aus einem kleinen Parterre-Zimmer eines Hinterhauses auf dem Wilhelmsplatz und war recht düster und unfreundlich. Weil Frau K. aber in allem etwas Gutes zu finden wußte, auch in Dingen, die andere Leute nicht gerade zum Loben und Danken veranlassen, sah sie auch in der Lage ihres Stübchens einen besonderen Vorteil.

Zweimal des Jahres lagerte sich nämlich ein buntes Völklein auf dem Platz vor ihrem Haus. Schöne, rosa Seiltänzer balancierten in der Luft, gelbe Löwen rieben ihre mageren Köpfe an eisernen Käfigstangen, Reihen staunender Schulkinder standen vor den riesigen, roten Lettern der Budenleinwand: Elektra oder das Wunder der Lüfte – Eintritt 10 Pfg. Dazu den ganzen Tag schmetternde Trompetenklänge und Trommelwirbel. So gut, meinte Frau Keppler, habe es auch nicht jedermann. Die schöne Musik ganz umsonst.

Und wie ein Kind freute sie sich auf die Messen. Diese Aussicht war ihr auch fast wie ein Ersatz für ihre frühere

Wohnung, die hoch und frei im dritten Stock eines großen Hauses gelegen hatte. So hoch, daß man an hellen Tagen ganz gut mit bloßem Aug nach Amerika sehen konnte . . .

Und nun ihr Zimmerle! So ziemlich in der Mitte stand der kleine eiserne Ofen, unter dem im Winter stets gewärmte Ziegelsteine lagen, die sie ihren Gästen unter die Füße zu schieben pflegte. Manche Winterbeule habe ich mir durch diese wohlgemeinte Fürsorge geholt. Ein Bett an der Wand, Kleiderschrank, Küchekasten, Tisch und ein paar Stühle: das war so ziemlich das ganze Mobiliar.

Dagegen hatten die Wände um so reichere Dekoration. Da hing ein Haussegen neben einem Reibeisen, Bismarcks Bild neben ihrem Schmälzpfännle, dann ein lahmes Ührle, ein Mörser auf kleinem Ständer, Familienbilder, sinnig von allerlei aufhängfähigen Küchengerätschaften umrahmt, ein verblaßter Blumenkranz um Pfarrer Stauds Bild, dessen treue Anhängerin sie von einem Korntaler Aufenthalt her war.

Auf Bett, Tisch und Küchenkästle lagen zur weiteren Dekoration ansehnliche Berge von allerlei Stoffen, Bändern und Büchern. Auch die Stühle mußten meist erst abgeräumt werden, wenn Besuche kamen. Der Boden war der Schauplatz ausgedehnter Mäusepromenaden, die sie aber nicht im mindesten genierten. So wenig, wie die meist recht trübe und rauchige Luft, in der ihr Reich gewöhnlich lag.

Trotz alledem aber war's einem wohl in dem niedrigen und dumpfen Stüblein, und mancher Besuch, den ich dort gemacht habe, steht mir durch alle Rauchluft hindurch in lichtester Erinnerung.

In welch drolligen Situationen habe ich sie da oft getrof-

fen, die mich heute noch herzlich lachen machen. – Wie manch tiefen Eindruck von einem selbstlosen, von Herzen zufriedenen Menschengemüt habe ich aber da auch empfangen.
An einem Weihnachtsfeiertag war's einmal, daß ich sie besuchte. Da stand auf dem wackligen, aber weißgedeckten Tisch ein mißgestaltetes, winziges Bäumchen. Lange Lichter waren daran befestigt, viel zu lang und schwer, als daß sie hätten auf den schwachen Zweiglein aufrecht stehen können. So schauten sie alle trübselig zu Boden und warteten auf den heiklen Moment des Anzündens. Darunter aber standen eine Flasche Most, ein Paar Schuhe und ein stattlicher, selbstgemachter Elefant. Das war ihre Bescherung für die Leute im Hinter-Hinterhaus, Mann, Weib und Kind.
Ich freute mich doppelt bei diesem Anblick, nun auch ihr eine Überraschung bereiten zu können. Ich hatte sie nämlich einem Bekannten nennen dürfen, der den Inhalt einer Kegelgesellschaftskasse einem Armen zukommen lassen wollte. Es waren ungefähr 50 Mark.
»Oh«, meinte sie aber bei dieser Mitteilung, »do weiß i a viel ärmere Familie in der Steinstraß' mit 10 Kinderle, der Herr soll no dene des Geld brenga.« Erst heut hätte sie für eine geringfügige Flickerei eine ganze Mark bekommen. »Der Wohlstand kommt jo no so zu de Fenster reingfloga.«
Auch am darauffolgenden Neujahrstag war das Tischlein weiß gedeckt und trug statt des Bäumchens einen Suppenteller mit verschiedenen Gratulationskarten.
In Amerika, wohin sie leider im neuen Stübchen nicht mehr sehen konnte, lebte ziemlich verschollen für sie ihr einziger Sohn. Durch eine dritte Person hatte sie nun kürzlich gehört, daß er auch drüben noch nicht so

brav geworden sei, wie man's von solcher Übersiedlung gemeinhin zu hoffen pflegt.
Da war sie nun auf einen ganz originellen Einfall gekommen. Sie wollte sich in einer der Wilhelmsplatzbuden fotografieren lassen, schlagbereit, eine Rute in der Hand, und ihm das Bild schicken.
Ach, und dabei die Vorstellung des unartigen Buben, wohl eines richtigen »Amerikaners«, wie sie damals waren, mit dicker Talmikette und roter Krawatte! Well!
In einem besonders strengen Winter konnte sie einigemal nicht in unsern Verein kommen. Rührend war's, daß sie dann jedesmal wenigstens ihr Opfer schickte.
Da wir wußten, wie sehr sie alle Art Musik, namentlich den Gesang liebte, beschlossen wir, ihr vor ihrer Türe ein paar Lieder zu singen. Siehe da, als das erste zu Ende war, erschien sie, sich verneigend, unter der Tür und verschwand dann wieder in vornehmem Schweigen. Und so jedesmal. Wie das Weiblein in einem Wetterhäuschen kam sie mir vor. Offenbar war sie der Meinung, man dürfe nicht sprechen, wenn einem ein Ständchen gebracht werde, und ließ uns zuletzt auch ruhig abziehen, ohne uns zum Eintritt aufzufordern. – Derartige dunklere Begriffe von Vornehmheit zeigten sich hie und da bei ihr.
Zu Ehren ihres Geburtstages luden wir sie einmal zu Tisch ein und kochten ihr auch eine süße Speise. Ganz feierlich gestimmt fragte sie da zum Schluß meine Schwester: »Ischt jetzt des a ›Töneh‹ gwä?« Diner wollte sie sagen, stolz auf dieses Erlebnis.
Im Grund war aber gar nichts von Hochhinauswollen in ihrer bescheidenen Seele. Sie war herzlich zufrieden mit ihrem kleinen Los, und wo sie gern etwas mehr gehabt hätte, da war's nur, um wieder hergeben zu können.

In unserem Verein hatte ich einmal das Mißgeschick, eine Gasglocke zu zerbrechen. Gleich stand Frau Keppler an meiner Seite und flüsterte mir zu: »'s macht gar nix, Herzle, i zahl's.« Und richtig ließ sie sich's um keinen Preis nehmen, die 2 Mark zu ersetzen.
Als mir ein andermal eine Dame, der sie Schuhe gemacht hatte, 4 Mark für sie mitgegeben hatte, trug sie dieselben stehenden Fußes wieder ins Hinter-Hinterhaus. Für alles, was man ihr tat, war sie von Herzen dankbar.
Ein großer Schmerz war's einst, als ihr altes Ührle anfing zu lahmen. Sie hätte keine Kosten gescheut, erzählte sie mir, und es zu einem ihr bekannten Schmied getragen; da sei nichts zu machen, hätte der aber erklärt. Sie merke erst jetzt, wie sehr ihr Herz an dem Ührle gehangen, daß es eigentlich ihr »Götzle« gewesen sei.
Nicht zu beschreiben war deshalb ihr Glück, als sie von einem bekannten Wohltäter der Stadt ein neues bekam. Sie konnte gar nicht genug danken; jeder Blick auf das Ührle, das seinen Platz neben dem alten gefunden hatte, war ihr eine Mahnung dazu.
Überhaupt vergaß sie keinen ihrer Wohltäter. »Wenn i no au amol a Hütte em Himmel kriag, dia groß gnuag ischt, daß i älle ufnehma kann, dia mir Guats to hent«, sagte sie. »Meine Wohltäter werdet emmer meh, i kann's bei meine Morge- und Obendgebet scho lang nemme mit Name nenna, jetzt han i's ebba ufgschrieba und sag no: ›Liaber Gott, dia uf em Zettel‹ . . .«
Spät in ihrem Alter bewegte sie noch einmal der Gedanke auszuziehen. In dieser Zeit brachte ihr eine Bekannte ein Los der Brüdergemeinde: Offenb. Joh. 2, 13: »Ich weiß, was du tust, und wo du wohnest.« Von Stund

an war sie entschieden. Der liebe Gott, meinte sie, denke eben, sie soll nur noch eine Weile in ihrem dreckigen Stüble bleiben, – ich hol sie da doch bald in meinen schönen Himmel.
Und lange ist's auch nicht mehr angestanden, bis sie ausgezogen ist aus allem Schmutz und Mangel der Erde.
Alle, die sie gekannt haben, werden der Frau freundlich gedenken, die in all ihrer Schlichtheit ein lebendiges Zeugnis der Verheißung war, daß denen, die zuerst nach dem Reich Gottes trachten, das Übrige alles zufällt.

Frau Streng

Des Nachts, wenn ich durchs offene Fenster die Sterne flimmern sehe, fällt sie mir ein . . .

Sie war Lumpensammlerin ihres Zeichens, aber glücklich, wie kein König. Sie wollte nur die Zeit nicht mehr erleben, wo neue Kehrichteimer eingeführt würden, und dieser Wunsch ist ihr auch in Erfüllung gegangen.

Meine Beziehungen zu Frau Streng bestanden in der Aufgabe, ihr des Winters Holz zu verschreiben. So kam sie regelmäßig in unser Haus und bat und dankte dann in bescheidener Weise.

Als ich einmal verreiste, ging ich, um sie an einen Armenpfleger zu weisen, in ihre Wohnung.

»Ist wohl Frau Streng zu Hause?« fragte ich die im Flur stehende Hausbesitzerin.

»Wenn se derhoemda ischt, no sengt se au, Se dürfet no d' Steg nuf ond horche.«

Und richtig, ich vernahm ein dünnes, zittriges Stimmlein innerhalb einer der Türen. Obwohl es recht falsch gesungen war, erkannte ich das Lied: »Befiehl du deine Wege.«

Sie war mehr erschrocken als erfreut über meinen Besuch, weil in dem Stüblein nicht eben musterhafte Ordnung herrschte, und als ich ihr vollends den Grund meines Kommens nannte, war sie ganz untröstlich.

»No gebe Se mer no ebbes Schriftlichs en d'Hand, der Herr ischt jo no gar net lang derbei, der ischt g'wiß no ›bewußtlos‹« sagte sie.

Das Jahr darauf fing sie an zu kränkeln und kam immer langsamer unsere Treppen heraufgestiegen. Aber gleichwohl immer mit stillzufriedenem Gesicht.
»Se werdet seha, i leb nemme lang«, sagte sie eines Tages, und als ich sie fragend ansah, setzte sie tröstlich hinzu: »Wenn i aber g'storba ben, no brauchet Sia nachts no an de Sternehemmel nufz'gucket. Der Stern, wo am schönschte glitzert, der ben no i.«
Richtig ist sie bald darauf gestorben. Am Abend ihres Todestags aber lasen wir von einem neu entdeckten Stern.
Du glückliches altes Weiblein! Wenn deine stolze Hoffnung auch nicht in Erfüllung gegangen ist, so leuchtest du doch in unsern Herzen, ein Vorbild stillen Genügens.

Frau Kanz

Es mag wohl an die 30 Jahre her sein, daß ich die Bekanntschaft dieser originellen Frau gemacht habe. Sie war anders als die beiden ersten, aus gröberem Stoff und nicht so geduldig und fügsam. Aber gern hab' ich sie auch gehabt in ihrer drolligen Eigenheit und rührenden Naivität.

In der Nähe unseres Hauses befand sich lange Jahre ein einfacher Gemüsestand. Mit der »neumodischen War«, als da sind Tomaten, Rhabarber usw. wollte sie sich nicht mehr einlassen. Hinter dicken Kohlköpfen, Büscheln von gelben Rüben und kühngeschwänzten Rettichen schmunzelte ein freundlich profitliches Gesicht. Das war Frau Kanz.

»Gota Morga, Fräule Josehans«, schrie's allemal, sobald sie mich aus beträchtlicher Entfernung erblickte. Kam ich ihr näher, so ging's nie ohne kräftigen Händedruck ab. Und zwar wurden diese herzlichen Begrüßungen allen ihr nur irgendwie bekannten Leuten zuteil.

Bis in ihr hohes Alter trieb sie diesen Handel, dann aber nötigte ein Augenleiden und zunehmende Altersschwäche sie, denselben aufzugeben. Ich setzte aber unsere damalige Bekanntschaft durch gelegentliche Besuche bei ihr fort.

Immer hatte ich sie für sehr arm gehalten, bis ich durch einen Zufall erfuhr, daß sie einige 100 Mark auf der Sparkasse habe. Sie darbte aber lieber, als daß sie etwas davon nahm, und alle Vorstellungen halfen nichts bei

ihr. Sie hielt's da mit dem Bäuerlein, das auf Gründ' gleich gar nichts gab. Ich habe es dann auch bald aufgegeben, über diesen Punkt mit ihr zu verhandeln.
Eine Nichte, die Monatdienste in der Stadt tat, war ihre einzige Verwandte und von ihr zur Erbin bestimmt. Wider Erwarten ist dieselbe jedoch vor ihr gestorben.
Nie werde ich den Jammer der alten Frau vergessen, als sie mir diese Nachricht mitteilte. Sie tat mir im tiefsten Herzen leid, und ich tat alles, um sie einigermaßen zu trösten. Zuletzt versprach ich ihr, am Tag der Beerdigung bei ihr zu bleiben und ihr vorzulesen, bis die Hausfrau zurückkomme.
Pünktlich zur Zeit stellte ich mich ein. Wer beschreibt aber mein Erstaunen, als die Frau Kanz frisch und aufrecht im Bett saß und ein Gesicht machte, als hätte sie eben die größte Freude erlebt.
Wunderbar, dachte ich, was mag sie wohl so getröstet haben? Ob ihr Seelsorger bei ihr gewesen ist?
»Moenet Se, was miar widerfahra ischt«, rief's mit heller Stimme vom Bett her, »wie i erquikt ond g'stärkt worda ben!«
Eh' ich meiner Vermutung Ausdruck geben konnte, ging's weiter: »Denket Se no, d' Hausfrau hot mer a Viartel warmer Zwiebelkuacha brocht.«
Nie hätte ich gedacht, daß diesem mir ohnehin etwas zweifelhaften Gebäck eine solche Macht über Menschenherzen innewohnt, die Tieftrauernde in derartig Glückselige umzuwandeln vermag.
Seit dem Tod der Nichte nun hatte Frau Kanz mich zu ihrer Vertrauten gemacht und teilte mir alle Leiden und Freuden ihres bescheidenen Lebens mit.
»En Sia han i a ganz bedenklichs Vertraue«, versicherte sie mir einst vor einem längeren Bekenntnis.

Einmal ließ sie mich rufen, da sie ihr Ende nahe fühle. Ich fand sie denn auch recht elend und schwach.
»Desmol sterb i g'wiß, i spür's«, sagte sie. »'s hot mer heut en der Nacht au ebber ganz deutlich grufa: ›Frau Kanz, komm!‹ Jetzt woeß i net, ischt's mei Ma gwä, oder ischt's der Heiland gwä; oder äbber von's Herr Eckerts (ihre frühere Herrschaft) kann's auch gwä sei.«
»Wer's auch war, der Sie gerufen hat, Sie folgen doch gern?« sagte ich. »Sie sagen mir doch immer, wie trostlos das Leben für Sie sei, seitdem Sie das Augenlicht verloren haben. Wär's denn nicht schön, wenn Sie den nahen Christtag wieder sehend im Himmel feiern dürften?«
»Ha«, meinte sie zögernd, »'s wär scho schö. Aber 's wär au schad, wenn i so kurz vorher wegsterba tät. I erwart nämlich von der freiwilliga Feuerwehr am 1. Januar 130 Mark, deswega han i Sia rufe lassa, daß Se mer's en der Schloßstroß holet.«
Nun war's auf einmal aus mit aller früheren Sterbensfreudigkeit. Nur der eine Wunsch beseelte sie, doch gewiß noch bis 1. Januar zu leben.
Ein andermal war's dann wieder ein anderer Grund zum Aufschub. Der Herr Stadtpfarrer, bedeutete sie mir, sei verreist und der würd' es ihr bitter übelnehmen, wenn sie in seiner Abwesenheit stürbe. »I han's ehm en d'Hand nei versprocha, daß i am Leba bleib, bis er kommt. Jetzt hot er me so fleißig b'suecht, do ischt's begreiflich, daß er mer au ›d'Leich‹ (die Beerdigung) halta will.
Ehne sag i aber älles, wia i's g'halte han will, dia Buaba, mit dene Mäntele, wo so schö senga könnet, müeßt mer mei Liablengsliad senga: ›So nimm denn meine Hände.‹ – I guck no aber nemme ruf«, meinte sie beruhigend.

Auch sonst tat sie mir ihren letzten Willen kund: »Em ›wohlgeborena‹ Lokalwohltätigkeitsverein gebet Se 100 Mark, den hane emmer so guet leide könna. Und i freu mi scho lang, was dia Herra für G'sichter macha werdet, wenn au amol a arma Frau aus em Bohnaviartel ebbes vermacht.
Dia Leut em Haus, wo so viel für me toa hent, belohnet Se, mein Hauszens zahlet Se ond uf der Behne han e a alta Säg – se wird freilich ganz roschtig sei –, dia könnet Sia han.«
Bei meinem nächsten Besuch wurde dem Testament noch eine weitere Klausel beigefügt. »Ebbes han i Ehne no verschwiega«, fing sie an, »en meiner Kommod ischt no a rots Portemonnaie mit volle 12 Mark.«
»Was soll ich dann damit tun?« fragte ich.
»Lasset Se me no ausschwätza! – Der Hausfrau ihr Soh' ischt so arg ordentlich ond sitzt manchmol a Weile an mei Bett. Erscht geschtern Obed isch er wieder bei mir g'wä ond hot g'sagt: ›Hausfrau, wenn Sia g'sond wäret, tät i Ehne en Schoppa zahle, aber wenn Sia sterbet, kauf i Ehne en schöna Kranz.‹«
»Jetzt«, ging's an meine Adresse weiter, »gucket Sia den Kranz an; ischt er schö, no gebet Se ehm vom Portemonnaie 10 Mark; ischt er aber net schö, bloß 5 Mark.«
Einmal fand ich sie in großer Aufregung. »Wia guat, daß Sia kommet«, empfing sie mich, »d'Hausfrau hot mer g'sagt, 's stant heut em Blättle, mer dürf blos des Johr no uf em Fangelsbachfriehof vergrabe. Hot des Grund? I möcht doch en mei's Mann's Grab!«
Als ich es bestätigte, rief sie – und diesmal war's ihr Ernst –: »Ja, no han i z'ton, mir hent jo scho da Juni!«
Überhaupt kamen jetzt manchmal Zeiten, wo sie ihr Ende herbeiwünschte. In solcher Stimmung klagte sie

ihrem Arzt, sie meine, der liebe Gott habe sie ganz vergessen.
Der habe sie getröstet, erzählte sie mir, und gesagt: »Seien Sie nur zufrieden, Frau Kanz, Sie müsset au net ihrer Lebtag do bleibe!«
Mich aber pflegte sie angesichts dieser Tatsache herzlich zu bedauern: »No Sia dauret me amol, Sia werdet schö Hoemweh noch mer kriage.«
Oft fing sie wie ein Kind an zu weinen und meinte, wenn nur der liebe Gott sie nicht hätte gerade blind werden lassen. »Er hätt me jo könne knappa lassa oder sonst ebbes, aber grad blend, des ischt mer's ällerärgscht.«
Ich sagte ihr, daß man seine Leiden sich eben nicht wählen dürfe, und daß der liebe Gott uns manchmal gerade das, was uns am schwersten dünkt, zu tragen gäbe. Wenn wir uns aber dazu willig zeigen, helfe er's uns auch tragen.
Ich erzählte ihr dann von einer vornehmen und reichen Frau, die sie vom Hörensagen kannte, und die auch blind geworden war. Nun war sie auf einmal wieder heiter und sagte philosophisch: »So, dui ischt au blend? Jo, d'escht freile no ärger, denn wenn dui romguckt hot, no hot se bloß schene Sacha g'seha; ond ob i mein Lompakruscht sieh oder net, d'escht am End wurscht.«
Gelegentlich des Schillerfestes fragte ich sie, ob sie auch etwas von diesem großen Dichter wisse.
»Jo«, antwortete sie, »aber da Göthe kenne besser. Vom Schiller woeß i bloß, daß se ehn uf da Asperg g'sperrt hent, ond des wüßt i au net, wenn i net a Markgrönengere wär. An sei'm Geburtstag ben e au jedesmol uf da Schillerplatz ganga, do hent se ehn äls anblosa.«
In der Schule muß Frau Kanz ein wahres Wunder von Gelehrsamkeit gewesen sein. Sie und eine andere

»Helle« der Klasse hätten des Sonntags immer die Predigt nachschreiben müssen. Da sei aber noch anders »g'schtenographiert« worden als heutzutage. Immer den Anfang eines Worts habe sie geschrieben, und wenn sie müd gewesen sei, habe die andere, durch einen Puff veranlaßt, sie abgelöst. Zuhause sei's dann ins reine geschrieben worden, wobei ihre Mutter etwaigen Geschwisterlärm mit dem Wort abgewehrt hätte: »Still, Kender, ihr brenget dia Mädle aus em ›Confekt‹.«

Auch in ihren späteren Diensten, besonders ihrem Lieblings- oder, wie sie sagte, Sonnenhaus Eckert, scheint sie ein reiches Maß von Tugenden entwickelt zu haben. Namentlich ihre Bereitwilligkeit und Sanftmut stehen groß vor ihrer Seele.

»Nia han i en bösa Blick losg'lassa; ond ben g'spronga wie a Wiesele, wenn mer mer g'rufa hot. Au später han i no oft em Haus ausg'holfa und ben blieba, solang mer mi braucht hot. Oft ond viel bis nach Mitternacht! I woeß no wie heut mei Angscht, wenn i ällemol den lange Garte ronterganga ben muatterseelealloe; dia Boem hent grusaliche Schatta g'schmissa, ond en de Zweig hot mer so a Geknischter ghört. Ha, do hätt mi guat au amol oener ombrenga könna! I han aber ällemol au inständich betet: ›Ach, liaber Gott, gang du mit, no wenigschtens bis zum Törle, wo d'Häuser anfanget!‹«

Als ich ihr einmal Grüße von Fräulein Eckert, der Tochter des »Sonnenhauses«, brachte, ließ sie ihr folgende interessante Botschaft übermitteln: »So g'scheit, wia früher, sei i nemme, weil mei Hirn pelzig worda ischt.« – Wenn man bedenkt, daß sie früher Rettiche zu verkaufen pflegte, fällt einem dieser Ausdruck nicht weiter auf.

Beliebte Gesprächsgegenstände waren ihre Träume. Drum will ich ihr das Wort lassen.

»Mutterseeleallei ben i uf era langa, donkla Stroß g'loffa, bald berguf, bald bergab, bald übers Wasser. Do ben i todmüad worda, deß e me eifach uf da Boda g'setzt han.
Kaum ben e aber g'sessa, han e au scho a Stemm g'hört: ›Auf, auf, no weiter g'loffa, 's wird bald hell!‹ No ben e eba wieder ufgstanda ond ben weiter durchs Todestal g'stampft.
Richtig, nach net langer Zeit komm i an a schöna, bloamiche Wiesa. Ja was, onser Planie ischt nix dagega! Ond g'rocha hot's wie ›Ottlawand‹ (eau de Levante). Jubla han i müessa ond han vor me nag'sagt: ›Wo ben e denn?‹ Do hot de gleich Stemm' wia vorhen g'sagt: ›Am Ort der Seligen.‹ (Diese Stimme ließ sie im tiefsten Baß sprechen, ungefähr wie den Wolf im Märchen.)
So leicht ischt mer's worda, daß i han laufa könna, wia en meiner Jugend. Uf oemol ben i vor era goldicha Tür g'standa. ›Därf i do nei?‹ han e g'frogt. Wieder hot dui Stemm' g'antwort: ›Ja, aber bleibe nicht zu lang!‹
Ohne daß i d'Schnall en d' Hand g'nomma han, ischt d' Tür ufganga ond do send lauter herziche Engela 'romg'floga ond 'romtanzt. Oft send se mer so noh komma, daß se uf meine Füeß tretta hent, 's hot aber net weh to, se send barfueß g'wä.«
»Haben die Englein nicht auch gesungen?« fragte ich.
»Noe«, sagte sie, »senga hent se no net könna, se send jo erst zwoe Johr alt g'wä.«
Das »bedenkliche Vertrauen« in mich nahm indes stetig zu, um so mehr, als mit der Zeit die Hausfrau in Ungnade fiel, und auch das Bild der verstorbenen Nichte ihr allmählich in trüberem Lichte erschien.
Der Fall der Hausfrau war folgender: Frau Kanz hatte einmal bei einem Ausverkauf eine Kachel (einen Koch-

topf) gekauft und diese, zumal sie »volle 70 Pfennige« gekostet hätte, auch entsprechend in Ehren gehalten. Da war unlängst einmal die Hausfrau erschienen und hatte darum gebeten. »I leih se er en gueter Harmonie, se gäb' mer se wieder z'rück; aber noe, dui schnauft nemme von meiner Kachel ond tuet, wie wenn se jetzt ihra g'höra tät. – O mei Kachel, mei Kachel!«
Endlos wurde dieses Vorkommnis erörtert, dessen Tragik nur noch die Enttäuschung mit der Nichte übertraf. Dieser hatte sie nämlich seiner Zeit einen nach Maßgabe der Kachel sehr wertvollen Wintermantel geschenkt, dazu noch bei verschiedenen Gelegenheiten Geld geliehen. Fest hatte sie nun nach deren Tod auf Rückerhalt ihres Besitzes gehofft – bis jetzt umsonst. Wenn etwas sie über diese himmelschreiende Ungerechtigkeit, die sie der Nichte zuschrieb, trösten konnte, so war's ein Traum, in dem diese ihr erschienen sei und zu ihrer lebhaften Genugtuung nichts weniger als weiß ausgesehen hätte.
Ihr Vertrauen in mich wurde mit der Zeit so groß, daß sie mir sogar ihr übriges Bargeld anvertraute. So oft ich ihr aber von dort an etwas mitbrachte, war ihre erste Frage: »Ischt des von mei'm Geld?« Und erst, wenn ich verneinte, freute sie sich über das Mitgebrachte.
Unter die Feinschmecker zählte sie nicht, das muß ich zu ihrem Lobe sagen. »No mir nix ›Propers‹ (Feines) brenga«, konnte sie mich nicht oft genug ermahnen, »i frog nix noch feine Sache, i han en bürgerlicha G'schmack. Neue ›Äbiera‹ (Kartoffeln) ond a Häufle Salz, d'escht mei höchsts Leibessa. No mag i no Ehne ihr'n Kaffee, der Hausfrau ihr Sauerkraut ond da Kartoffelsalat vom Suppahaus.«
Einmal traf ich sie in ernster Beratung mit einer Nach-

barin, die gekommen war, sich ihren Rat zu holen. Es handelte sich um eine Nichte des Besuchs, deren Mutter gestorben war. Frau Kanz sollte bestimmen, ob diese Nichte zu Hause bleiben, oder ob man sie im »Schlößle« (einer Anstalt in Oberenzingen) unterbringen solle.
»Ist die Nichte schwachsinnig?« fragte ich.
»Net grad«, war die Antwort der Tante, »d' Ärzt kommet net draus, ob sui en Senn z'viel, oder oen z'wenig hot.«
»Ach was«, fiel Frau Kanz dazwischen, »dui hot ihre sechs g'sonde Senna, se ka essa ond schlofa ond hört ond sieht guat, aber d'Weltweisheit mangelt ere.«
»Ja was, d' Frau Kanz, dui trifft da Nagel emmer uf da Kopf«, sagte die Nachbarin voll Bewunderung.
Als ich vor einer Reise von Frau Kanz Abschied nahm, war sie sehr bewegt und schenkte mir ihr eingerahmtes Bild mit der Bestimmung, es über mein Bett zu hängen. Sie versprach auch mir ganz bestimmt, in meiner Abwesenheit nicht zu sterben und mir von Zeit zu Zeit Nachricht zukommen zu lassen. Einem Besuch, der ihr einmal Grüße von mir überbrachte, erzählte sie, ich sei ihr Hauptagent, und mich empfing sie bei meiner Rückkehr mit den Worten: »Jetzt ischt älles recht, mei ›Anhaltsponkt‹ ist wieder hia!«
Im Lauf des Gesprächs erfuhr ich, daß ihr Heimweh eigentlich mehr meinem guten Kaffee als meiner Person gegolten habe, da das Gebräu der Hausfrau von Tag zu Tag dünner und schlechter geworden sei.
Lange sollte sie sich aber an ihrem Lieblingsgetränk nicht mehr laben. Ihr sonst gesunder Appetit hörte ganz auf, selbst das Sauerkraut der Hausfrau, die so geliebten »Äbiere« und der Salat vom Suppenhaus rührten sie nicht mehr.

Ihre Kräfte schwanden sichtlich, sie schlummerte meist, erkannte mich aber immer noch an der Stimme und freute sich über mein Kommen. Am letzten Tag glich sie schon ganz einer Leiche. Das fand auch die Hausfrau, denn sie erzählte mir, eben habe sie ihren Pflegesohn zur sterbenden Frau Kanz geführt. Der sei ein schrecklicher Leichtfuß und sollte nur einmal sehen, wie ernst das Sterben sei. Vielleicht mache es doch einen Eindruck auf ihn, es sei nämlich höchste Zeit, daß der einen andern Magen kriege.

Der 17. November war ihr Todestag, und somit ist ihr sehnlicher Wunsch, noch in diesem Jahr zu sterben und noch auf dem Fangelsbachfriedhof beerdigt zu werden, in Erfüllung gegangen.

Wasser-Emilie

Das war das Wasser-Emile oder die »Wassernymphe«, wie wir sie scherzend nannten.
Ihrem Aussehen verdankte sie freilich diesen poetischen Namen nicht, denn ach, sie war von der Natur mehr als stiefmütterlich behandelt worden. Krumme Beine, die sie selbst nie anders als ihre »Röhrle« nannte, und darauf ein unförmlicher Körper, sehr kurze Arme und dicke stumpige Finger: das war so der Gesamteindruck. Des Näheren dann ein Stirnlein, das aus drei nicht sehr dikken Runzeln bestand, aus deren Zwischenräumen man schließen konnte, daß das Sichwaschen nicht der Nymphe Liebhaberei war. Der Zopf glich mehr einem Schwänzlein, und auf dem Kopfe zeigten sich, wahrscheinlich in Folge schweren Tragens, ganz kahle Stellen. Weiter nannte sie zwei Zähne, ein näselndes Stimmchen und ein paar freundliche, winzig kleine Äuglein ihr eigen.
Einst, ehe die Leitung gelegt war, pflegte sie uns das Wasser ins Haus zu tragen. Daher der Name!
Täglich kam sie von einem Vorort Stuttgarts in die Stadt, einen Korb von bedeutendem Umfang am Arm, und drin einen gewichtigen Topf. Der war nämlich zur Aufnahme der Mahlzeitsreste des ganzen Hauses bestimmt.
Mit Bewunderung sahen wir ihr oft zu, wie sie mit ihren stumpigen Fingern die Schüsseln ausstrich und Süßes und Saures, Festes und Flüssiges alles durcheinander in

ihrem Topf vereinigte. »'s kommt älles en oen Maga«, sagte sie dabei, und ihre Äuglein glänzten vor Gier. Kaum konnte sie erwarten, bis sie nach Hause kam, und mit ihrer Schwester die mélange teilen konnte.
An Regentagen erschien Emilie mit einem riesengroßen, zwölfteiligen Regenschirm von blauer Farbe, dessen mächtiger, messingener Griff ihr ganzer Stolz war.
Als sie einmal damit beschäftigt war, die Falten dieses Ungeheuers zu ordnen und dasselbe mit einer Zuckerhutschnur zusammenzubinden, setzte ihr ein junger Herr im Haus schnell ein kleines Kätzchen neben den Topf in den Korb hinein und machte unbemerkt den Deckel darüber zu. Das junge Tierchen war zugelaufen und niemand im Haus stritt sich sonderlich darum.
Am andern Tage aber kam Emile und erzählte unter Freudentränen das Wunder. Schon unterwegs habe sie manchmal gemeint, ein Kätzchen schreien zu hören, dann aber wieder geglaubt, sie täusche sich. Ihre Freude könne sie uns aber unmöglich schildern, als beim Abheben des Deckels das Tierle herausgesprungen sei. Nun sei doch ihre Schwester nimmer so allein, wenn sie selber nach Stuttgart gehe. Überdies sei ein Kätzle eigentlich billiger zu verhalten, als z.B. ein Vögele, das »Hanfsome« esse.
Wie aber das Kätzle in den Korb hineingekommen sei, darüber machte sich Emilie, wohl um ihr niederes Stirnle nicht anzustrengen, keine weiteren Gedanken.
»Durch a Wonder«, erklärte sie einfach.
Jeden Satz fing sie mit »Ach du liaber Gott!« an. Das konnte man ihr nicht abgewöhnen.
Der häufige Verkehr in der Stadt blieb aber trotz des niederen Stirnleins nicht ohne bildenden Einfluß auf sie. Sie fing an, allerlei Fremdwörter zu gebrauchen.

Vor unserer Sommerreise bat sie uns dringend, ihr doch eine Karte oder vielleicht auch einen Brief zu schicken. Man sei im Ort ganz »anderscht eschtomiert«, wenn hie und da auch der Briefträger ins Haus komme. Rührend war's dann, wenn sie uns bei unserer Rückkehr berichtete, welches Fest die Ankunft des Briefs für sie gewesen sei.

Nur einmal war sie bei solcher Gelegenheit schwer enttäuscht. Wir schrieben ihr nämlich damals einen Kartenbrief, den sie recht nichtssagend fand; denn weder ihr noch ihrer Schwester kam der Gedanke, daß das Ding zu öffnen sei. Ungeöffnet brachte sie uns nach Monaten das Schriftstück zurück und war höchlich erstaunt über seinen Gebrauch.

Dankbar, wie das gute Emile war, hatte sie von Zeit zu Zeit auch das Bedürfnis, uns eine Freude zu machen. Da brachte sie im Frühjahr die ersten Vergißmeinnicht, mit einigen Grasbüscheln versetzt, vom heimatlichen Bächlein; oder später dicke Dotterblumen, die lebenssatt die Köpfe hingen.

Eines Sonntags trat sie wieder an, diesmal aber mit ungleich verheißungsvollerer Miene, in der Hand ein zierliches, graues Säcklein.

»Weil Sia ons scho so lang nex als Guets teant«, fing sie ein gerührtes Redlein an, »wöllet miar Ehne au amol ebbes Rechts brenge. I ond mei Schwester hend's g'sammelt ond koe Müah' g'scheut.« Damit überreichte sie ihr Geschenk. »Aber Emile«, sagten wir gerührt, »das hättet Ihr nicht tun sollen«, und machten uns daran, die Schnur aufzumachen.

Emiles Äuglein gingen erwartungsvoll von einer zur andern. »Jo, Ihr werdet gucka!«

Wir guckten allerdings, etwas verständnislos anfangs,

als sich in dem geöffneten Säcklein eine Menge kleiner, schwarzer Kügelchen zeigte.
Emile suchte der freudigen Wirkung etwas nachzuhelfen. »Do für Ihre Bloamastöck«, sagte sie, aufs Fenster deutend. »Obeds goht äls a Herd' Goißa an onserem Häusle vorbei, mer hent lang z'sammlet g'het, bis a Säckle voll gä hot.«
Da verstanden wir und hatten nur Mühe, unsere Fassung zu bewahren und das gute Emile nicht durch unsere Heiterkeit zu kränken.
So verging manches Jährlein. Emile berichtete uns immer treulich, was sie an Freude und Leid erlebte. Eine Hochzeit besonders, bei der es Gugelhopf und Kartoffelsalat gegeben habe und »multum« Menschen dabei gewesen seien, die »die Schwane« kaum gefaßt hätte, war der Höhepunkt ihres Erlebens.
Aus dem Kätzlein war eine Katze geworden, die von dem Schwesternpaar fortgesetzt große Liebe erfahren durfte. Des armen Emiles Gang wurde aber von Tag zu Tag stolperiger, und eines Tages versagten die »Röhrle« den Dienst ganz. Ihre Schwester kam, uns dies zu melden, und fragte gleichzeitig an, ob jetzt nicht sie die Speiseüberbleibsel holen dürfe, weil eben ihre Schwester jetzt schon an die kräftige Kost gewöhnt sei. Jetzt war's ihr eine Beruhigung, Emilie nicht allein zu Hause zu wissen. Als ob die Katze die beste Krankenpflegerin der Welt wäre!
Leider stellten sich bei der armen Emilie bald auch Beschwerden anderer Art ein. Aber auch in ihren Krankheitstagen war sie immer zufrieden und freute sich wie ein Kind namentlich über Besuche. Vom Arzt verlangte sie zu wissen, ob sie bald sterben werde. Sie fürchte sich gar nicht, sondern freue sich nur auf den Himmel.

Obwohl der Arzt ihr Ende noch nicht so nahe glaubte, bat sie die Schwester, an den nur einige Stunden entfernt wohnenden Bruder zu schreiben. Sie möchte ihn vor ihrem Tod noch einmal sehen.
Der Bruder kam und brachte auch gleich einen Kranz mit, den er weinend der kranken Schwester zeigte. Diese war tief gerührt über ihres Bruders Güte, betrachtete und bewunderte den Kranz von allen Seiten und bat dann die Schwester, ihn doch ins Kellerle zu tragen, damit er ja bis zur »Leich« frisch bleibe.
Am anderen Tag schlief sie ohne Kampf friedlich ein, und die Schwester konnte des Lobs kein Ende finden über ihren edlen Bruder, der der guten Emilie mit dem Kranz noch die letzte, große Freude gemacht hatte.

Hannele Stauch

Von ihr weiß ich nur wenig zu erzählen, und dies wenige ist traurig.
Im Winter hatte ich ihr manchmal Holz verschrieben und wußte, daß sie »Hannele« hieß. Erst später, als sie schon recht krank war, wurde ich auf sie aufmerksam gemacht und fing an, sie zu besuchen. Leider nicht lange.
In Lumpen gehüllt, in einem von Schmutz starrenden Kämmerlein, fand ich sie liegen. Nur da heraus! war mein erster Gedanke. Als ich sie fragte, ob sie nicht ins Spital möchte, verneinte sie entschieden.
Diesmal war's aber nicht die gewöhnliche Scheu vor dem Krankenhaus oder irgendein egoistischer Hintergedanke. Ach, das Herz tat mir weh, als sie mir am andern Tag den Grund sagte: Weil sie kein Hemd und keine Bettjacke besitze, schäme sie sich hinzugehen.
Natürlich beschaffte ich gleich das Nötige und traf Anstalten zu ihrer Überbringung.
Hilflos saß sie am andern Morgen in ihrem Bett, als ich mit einer Schwester kam, sie abzuholen.
»Guten Morgen, Hannele, wie geht's?« fragte ich. »O lumpig«, war die Antwort.
»Was haben Sie denn für eine Nacht gehabt?« – »Oh, a lumpige.« – »Haben Sie denn gar nicht schlafen können?« – »Koa Stond, wega dem lompige Husta.«
Alles war lumpig, wohin man blickte. Daher war ihr der Ausdruck auch wohl so geläufig.
Der Regen schlug klatschend gegen die Scheiben unse-

res Wagens, der uns zum Spital brachte. Hannele saß müde und schweigend da, den Blick am Boden. Man sah ihr an, daß sie sich über etwas besann!

Auf einmal wandte sie sich mit einem ängstlichen Blick an mich und sagte: »Aber wisset Se, bekehra han i mi net könna, – i han koe schwarz Kleid g'hätt.«

Armes Hannele!

Nach zwei Tagen ließ sie mich holen, sie wolle mir etwas sagen. Als ich kam, kannte sie mich aber schon nicht mehr und schaute mich nur mit stieren Augen an. Und am selben Tag starb sie, ohne noch einmal das Bewußtsein erlangt zu haben.

Trüb und rauh war der Tag, an dem man sie hinaustrug. »Lumpiges Wetter« hätte es Hannele wohl genannt.

Auf dem Kirchhofweg flatterten welke Blätter, und ein kalter Sprühregen schlug uns ins Gesicht. Die Leute, die den Sarg trugen, der Pfarrer und ich: das war Hanneles Grabgeleit. Auf der weiten Welt hatte sie sonst keinen Menschen. – Armes Hannele!

Frau Kiefer

Ich muß lächeln, wenn ich an meinen ersten Besuch bei ihr denke. Damals sollte sie mir für eine Summe Geldes, die ich ihr gebracht hatte, quittieren.
»Haben Sie Feder und Tinte, Frau Kiefer?« fragte ich.
»Noe«, war die Antwort, »so ben i net möbliert, aber mei Hausfrau hot a Blei.«
Kurz darauf stattete sie mir ihren ersten Besuch ab und zwar in großer Aufregung. Ihre Hausfrau, die Besitzerin des Bleistifts, hatte sie nämlich veranlaßt, ein Bittgesuch an Ihre Majestät, die Königin, abzufassen.
Seit sie nun dieses unglückliche Schriftstück in den Schalter geworfen hatte, war's mit ihrer Ruhe vorbei. Selbst des Nachts fuhr sie oft mit Entsetzen auf in der Meinung, man werde sie mit der Polizei holen und einsperren lassen.
Ihr Begehren war nun, ich solle der Königin den Sachverhalt auseinandersetzen. »D' Hausfrau sei an ällem schuld, i häb net bettla wölla.«
Erst als es mir dann gelungen war, das Bittgesuch vom Lokalwohltätigkeitsverein zurückzuziehen, konnte sie sich wieder ihres Lebens freuen. Das verstand sie nämlich trotz ihres hohen Alters noch ganz gut, wenigstens insoweit, als Lebens- und Wanderlust zusammenfiel. So ziemlich jeden Monat bezog sie eine andere Wohnung.
Mit ihrer neuen Adresse ließ sie mir eines Tages mitteilen, sie sei krank, ich solle zu ihr kommen. Da ich sie in hohem Fieber fand, schickte ich ihr den Armenarzt.

Bei meiner Erkundigung am nächsten Morgen, was dieser von ihrem Zustand halte, meinte sie aber: »O Fräule, Sia müaßet mer's net übel nehma, des ischt koe rechter Dokter, den Sia miar g'schickt hent, i han net amol d' Zong rausstrecka müeßa. Send Se no net bös, i han en andere hola lassa. I han's emmer so g'halta; wenn i recht krank gwä ben, hent müassa zwoe her. D' escht au a guater Bekannter von mer, der kennt mei Natur. Und wisset Se, wenn der mein Trauerbrief em Blättle g'lesa hätt, und i hätt ehn net hola lassa, der hätt me nemma anguckt.«

Als nun dieser gute Bekannte Tag und Nacht kalte Wicklungen verordnete, kam die Armenschwester zu mir und bat mich, die kranke Frau doch zu überreden, ins Spital zu gehen.

Da kam ich aber schön an! »So«, schrie sie, »g'höret Sia au zum Komplott, wöllet Sia me au ombrenga? I sag no, i gang net ens Spital, Feurio schrei i ond hopf zum Waga raus, wenn se me holet.«

Wenn einen diese furchtbaren Drohungen auch nicht erschreckten, so wollte man sie doch nicht zwingen, zumal sie einem in ihren schrecklichen Vorstellungen vom Spital auch leid tat.

»En de Souterrain wird mer do g'schleppt«, klagte sie weiter, »ond oifach ens Wasser g'schmissa ond am nächsta Tag ischt mer tot. Erscht letzhen hot mer a Frau verzählt, wia a Krokodil werd mer do hussa behandelt. So a Bad alloi wär mei Tod, – i han seit meiner Kendheit nemma badet, weil i's net vertrage ka.«

So blieb sie denn in ihrem Stübchen, und weil es ziemlich nahe zu unserer Wohnung war, konnte ich ihr mittags immer eine Suppe bringen. Dafür war sie dankbar, das muß ich sagen.

Ehe sie zu essen anfing, betete sie leise. Als sie's aber einmal laut tat, hörte ich zu meiner Überraschung: »Komm Herr Jesu, sei unser Gascht und segne, was die Fräulein Josehans uns bescheeret hascht.«
Morgens und abends kam die Schwester, tagsüber war meist eine Landsmännin, wie sie sagte, bei ihr. Diese hatte sie einmal zu ihrem einzigen Sohn geschickt, mit dem sie in Streit geraten war, und der seitdem ihr Haus nicht mehr betreten hatte. Jetzt solle er doch kommen, sie fühle ihr Ende nahen.
Ich war eben dort, als die Landsmännin zurückkam mit der Antwort. Er käme nicht, wolle überhaupt nichts mehr von seiner Mutter wissen.
Frau Kiefer schob zunächst alle Schuld auf die Freundin. »Gans, dumme«, schrie sie dieselbe an, »Du wirscht g'sagt han: ›Kieferle, dei Muetter ist krank‹ – dös glaub'i, daß er no net kommt. Glei morga gohscht wieder na ond sächst: ›Guten Tag, Herr Kiefer, Ihre Frau Mutter ist krank.‹ Gib acht, no kommt er.«
Aber auch auf die hochdeutsche Meldung hin erschien der herzlose Sohn nicht.
»Jetzt kann i Ehne net helfa, jetzt müaßat Sie na«, sagte sie zu mir, »ond ehm da Levite verlesa.«
Aber auch das half nichts. »Oh, was mer am a oinzige Kend erleba mueß«, jammerte sie, »daß der aber au seim Vatter ond net mir nochgrota mueß. Scho en seiner Juged ischter nex nutz gwä. Glei en seiner erschta Stell' hot en amol sei Vorgsetzter g'schempft, weil er sich hot ebbes z'schulda komma lassa. Was tuat mei Bürschtle? Spritzt deam Herra sein Rock mit Vitriol voll, daß oe Loch am andere nei brocha ischt. Ond i han en zahla müessa mit meim bisle Geld, wo i doch so sauer mit Wäscha ond Putza verdeant han.«

»›Oh, Frau Kiefer‹, hot selbigs mol der Herr g'sagt, ›Sie dauern mich, Ihr Sohn, das ist ein schlemmes Insekt‹« (was jedenfalls Subjekt heißen sollte!).
So unzufrieden sie mit ihren Nebenmenschen im allgemeinen und ihrem Sohn im besonderen war, so zufrieden war sie mit sich selbst. Es gab so leicht keine Tugend, die sie nicht besaß. Und besonders ihre tadellose Vergangenheit rühmte sie in allen Tonarten.
Bei einem Fräulein, das in der ganzen Stadt als »Bsonderling« bekannt gewesen sei, und bei dem's kein anderer Mensch hätte aushalten können, habe sie z.B. Jahre lang Monatdienste getan. Bei Juden und Christen sei sie gleich beliebt gewesen.
Erstere behauptete sie genau zu kennen und zog sie auf Grund folgender Erfahrung den letzteren bedeutend vor: Einmal, da sie beim Treppensteigen hätte schnaufen müssen, wie die Dampfwalze, habe eine Judenfrau zu ihr gesagt: »Aber Fraule, Sie sollten in Ihrem Alter nicht mehr so viele Stiegen steigen! Wenn ich Sie wäre, tät ich in den Paterrern betteln.«
»So guat moenet's net viel Leut mit oem«, meinte sie ganz gerührt.
Die Landsmännin war allemal die dunkle Folie, auf der ihre eigenen Eigenschaften um so heller glänzten. Diese bediente sie in ihren kranken Tagen, verlangte dafür aber unglücklicherweise ein Vesper, was sie in Frau Kiefers Augen sehr heruntersetzte.
»Dui mattpflegich (phlegmatisch) Person!« rief sie hie und da entrüstet. »I han en ere halba Stond so viel g'schafft wia dui en drei!«
Sie hörte gern zu, wenn ich ihr vorlas, und als ich bei dieser Gelegenheit einmal fragte, welches ihr Lieblingslied sei, kam gleich die Antwort: »Dös wo onser Heiland ens

G'sangbuech g'macht hot.« »Wie heißt das?« fragte ich. »Des wisset Sia net? Do sieht's scheint's sauber aus!« meinte sie kopfschüttelnd. »Des schöne Liad ›Wer weiß wie nahe mir mein Ende‹, des hot Er g'macht.«
»Heut nacht«, erzählte sie mir einmal, »han i me aus der Wickel rausreteriert und han mit der Hausfrau ihrem Blei mei Testament g'schrieba.« Das vertraute sie mir an, damit ich es nach ihrem Tod den Herren geben solle. Welchen »Herren« war zwar weder ihr noch mir klar.
Das Testament lautete wörtlich: »Herrn weißen Vatter und da hab ich mich aufnehmen lassen wolen, das die weißen Kinder mir singen sie Singen auf dem Pragfriedhoft Gesang der Frau Kiefer himmelan nur himmelan soll der Wandel gehen das mus geschehen bei mir oder ich komm wieder zu euch und laße euch keine Ruhe ihr Herren könnet nicht sterben und komme alle Tage zu Euch es wird bezahlt von meinem Geld und nicht von euch daß muß auf dem Trauerbrief geschrieben werden. Christiane Kiefer geb. Pfefferle.«
Nun kam's ans Tageslicht, daß sie, die bei jedermann ein Liedchen von ihrer großen Armut gesungen hatte und seit Jahren Unterstützung annahm, auf verschiedenen Sparkassen bei 1000 Mark Vermögen hatte.
Als ich ihr über ihre große, fortwährende Lüge Vorhalt machte, meinte sie, das sei nichts Arges. Petrus habe den Heiland verleugnet, das sei viel ärger, als wenn man einen Sparkassenschein verleugne.
Viel »ärger« fand sie es, daß ich ihr sagte, sie werde von jetzt an keine Unterstützung mehr vom Verein bekommen. »Wenn no Sia nia über mei Schwella komma wäret«, schlug jetzt das Wetter um, »Sia send a Nagel zu mei'm Sarg. Soll i omsonst meiner Lebtag Wasserriebela statt Floeschbrühariebela gessa han? Verdean i net

en brauna Sarg? I sag no, ich will en brauna Sarg, ema weißa laß' i mi net vergraba. Die Herra sollet stolz sei uf so a Burgerskend, wo au für sei Alter ebbes z'rucklegt – a Lob g'hört miar ond koa Tadel.«
Ich suchte ihr begreiflich zu machen, inwiefern ein Unrecht in der Verheimlichung des Geldes liege.
»Ja, wisset Se«, meinte sie nachher ganz beruhigt, »onserem Herrgott han i g'sagt, was i han, der weißt's bei Heller ond Pfennich, aber dene wüaschte Menscha han es net g'sagt, dia gönnat oem jo nex ond hättet's au glei vertlehna wölla.«
Daß ich aber auch noch ferner über ihre Schwelle kam, ließ sie ruhig geschehen, besonders, wenn ich eine Schüssel oder eine Flasche trug.
Zu aller Wunder ist sie wieder ganz genesen.
»Ben en die ›Froststraße‹ ens Henterhaus gezogen und g'frier beinah zammen ach kommen sie doch, ach ich bitte erbarmen sich' kein Tier kann's aushalten und die Schmerzen noch dabei ach kommen sie doch!«
Mit diesem Notschrei auf der Adressenseite gelangte später wieder eine Karte Frau Kiefers an mich! Zur Ausgleichung war mein Name dreimal in bergansteigenden Zügen auf die andere Seite geschrieben.
Da konnte ich natürlich nicht widerstehen, umsomehr als ich mir vorgenommen hatte, sie an ihrem Geburtstag zu besuchen und mich dann vom schlechten Wetter hatte abhalten lassen.
Es war freilich kein Leichtes, das »Henterhaus der Froststraße« ohne Ahnung einer Hausnummer zu finden.
Groß war aber auch nachher die Freude des Wiedersehens, und in überströmendem Gefühl entleerte sich alsbald ihr neuer Jammer.
»I ben schö anganga«, wehklagte sie, »i ben schö pit-

schiert, i ben en d' Folterkammer grota. Zamma g'frier i no, wenn's so fortgoht. Gucket Se no den Palascht vom a Ofa an: do goht a Zentner uf oemol nei und no ischt's erscht net warm. Hätt miar der Hausherr g'folgt ond hätt a Sauköpfle (kleiner Ofen) setza lassa! I han a Sauköpfle wölle ond koen Palascht.«

Mit diesem leidvollen Ausruf endete der erste Teil der Klagen, mit dem's aber noch lange nicht getan war.

»Emmer schlechter goht miar's«, fing der zweite an, »je älter i werd. Älle andere Leut hent meh Glück als i, ond i ben doch meiner Lebtag so rechtschaffa gwä. Erscht geschtern ischt mei Freunde do g'wä ond hot g'sagt: ›I woeß net‹, hot se g'sagt, ›was des mit diar ischt, zu diar kommt au gar neamer Rechts.‹ Ond d'escht au wohr, zu mir kommt neamer Rechts.«

Noch mehr aber beneidete sie den Bruder dieser Freundin.

»Der führt au a Herraleba. Bloß wegama a bisle steifa Arm mag er nex schaffa ond hausiert mit Nestel ond Seifa. Ond wega sei'm netta G'sichtle hot er a Heidaglück. Dia Mädla en dene vornehme Häuser gebet em z'essat, was guet ischt, ond so viel – der mueß sich älla Obed brecha.«

Ich hatte genug davon und suchte ihre Gedanken auf ein lieblicheres Thema zu bringen. »Es tut mir leid«, sagte ich, »daß ich Sie damals an Ihrem Geburtstag nicht habe besuchen können.«

»Jo«, brummte sie, »bloß mei Freunde ischt do g'wä ond dui hot nex mitbrocht, weil se net g'wißt hot, daß mei Geburtstag ischt. I han's era aber glei g'sagt, ond no hot se me uf da nächsta Tag zum Tee einglada. So noch de viere käm se hoem.«

Nun ja, dachte ich und war ein bißchen aufgebracht:

s'ist weit gekommen, jetzt laden auch noch Putzerinnen und Wascherinnen einander zum Fünfuhrtee ein!
»Hat Ihnen Ihre Freundin dann einen guten Tee gemacht?« fragte ich. »Ha, freile hot dui en guata Tee g'macht«, versicherte sie schmunzelnd, »en Kamillatee. Ond Schneckanudla hent mer eintonkt ond oena ischt übrich blieba ond dui han i mit hoem nemma dürfa.«
Merkwürdig, welch besänftigende Wirkung schon das Wort »Kamillen« hat!
Mich söhnte es sofort mit dieser Tee-Einladung aus, die mir nimmer übertrieben vorkam.
Frau Kiefer aber war in Erinnerung an diesen seltenen Genuß eine ganz andere geworden. Sie sah auf einmal auch allerlei Lichtseiten in ihrem Leben, dankte gerührt für das verspätete Geburtstagsgeschenk, das ich ihr mitgebracht hatte, und entließ mich mit dem Wunsch: »Lebet Se wohl, bleibet Se g'sond, meh ka i net to.«

Fräulein Eleonore

Frauenderka hieß sie und tat sich auf diesen seltenen Besitz nicht wenig zu gut. Schon diese beiden Namen lassen ahnen, daß sich hier eine andere Sphäre, als die der Frau Kiefer, eröffnet.
Fräulein Eleonore hatte früher in einem adeligen Hause im Badischen gedient, und war dann nach Stuttgart gekommen, wo sie mit Nähen ihren Unterhalt verdiente. Diese »adelige« Stelle und einige vornehme Kundenhäuser hier bildeten die Grundlage ihrer eigenen Vornehmheit, die sich in allerlei rührenden kleinen Zügen Luft schaffte.
Auf dem Tisch in ihrem Zimmer hatte sie jederzeit ein offenes Etui mit einem rubinbesetzten Kreuzchen und eine Serviette in einem Ring liegen. Das waren ihre Paradegegenstände, auf die sie die Aufmerksamkeit jedes Besuchers zu lenken wußte.
»Untertänigsten guten Tag«, erscholl jedesmal ihr Gruß, wenn jemand dem Rang nach über ihr Stehendes bei ihr eintrat.
Anfangs nannte sie mich immer Fräulein »von«, bis ich ihr allen Ernstes begreiflich machte, daß mir dies nicht gebühre. Wäre es in ihrer Macht gelegen, so hätte sie mich sofort in den Adelstand erhoben, weil ihr das als das Höchste vorkam, was die Erde zu bieten hat.
Mit ihrer Hausgenossin, einer noch älteren Jungfer als sie selber, lebte sie in stetem Frieden, – eine in der Geschichte meiner Weiblein nicht allzu oft vorkommende

Erscheinung. Eins tat dem andern zu lieb, was es ihm an den Augen absehen konnte.
Nanele – das war der weniger aparte Name der ganz alten Jungfer – sonnte sich im Glanz der Vornehmheit ihrer Zimmernachbarin und war glücklich, wenn sie ihr irgendeinen Dienst erweisen konnte. Besonders die Serviette im Ring imponierte ihr mächtig.
Wenn Fräulein Eleonore an kalten Wintertagen müde und durchfroren von ihren Kundenhäusern heimkam, siehe, da brannte allemal ein lustiges Feuer in dem niedrigen Ofen, und im Bett ruhte, vorsorglich von Zeit zu Zeit hin- und hergeschoben, eine umfangreiche Wärmflasche. Da taute Fräulein Eleonore wieder auf, kramte geheimnisvoll in ihrer geräumigen Tasche und brachte irgendetwas Gutes zum Vorschein. Und Naneles Kopf wackelte dann vor Freude noch ärger als vorher.
Viele Jahre lebten sie so in größter Eintracht. Nanele bekam vor Fräulein Eleonorens Vornehmheit und Gescheitheit immer größeren Respekt und sperrte Mund und Ohren auf, wenn sie erzählte.
Vom gnädigen Herrn von Emil und Herrn von Roderich in Baden und ihrem herrlichen Park, in dem die schönsten »Statuten« gestanden seien. Von der gnädigen Frau Baronin, die zehn Jahre »homöopathisch« krank gewesen und bei einer Operation zwei Stunden in der »Diagnose« gelegen wäre. Und daß die Familie jedes Jahr einige Monate auf der Insel »Caprivi« gelebt hätte.
Aber Naneles Kopf wackelte beim Zuhören immer ärger, und ihre Hände wurden so zittrig, daß ihnen die leichteste Arbeit zu schwer fiel.
Da sorgte eine Familie für sie, bei deren Kindern sie in ihrer Jugend gewesen war, und brachte sie aufs Land in ein Dienstbotenheim.

Der Abschied der beiden Freundinnen war sehr schwer, aber sie sahen beide ein, daß es so am besten war.
Zufällig war ich beim ersten Besuch zugegen, den Nanele in der alten Heimat machte, und hörte mit wahrer Freude, wie begeistert sie von der neuen sprach. Und auch Eleonore gönnte es ihr herzlich.
Das Wichtigste im Anstaltsleben war entschieden, daß man in diesem halben Jahr schon dreimal Kuchen gebakken hatte und es an Königs Geburtstag wieder tun werde, und daß sie, Nanele, im Sommer die Hühner versorgen dürfe.
»Jo miar send au en so Verschläg' drenn«, fiel ihr bei den Hühnern ein, »ond neba miar ischt oena, dui wackelt da ganza Tag mit em Kopf, dui muaß obeds totmüad sei.« Dabei wackelte sie selbst lustig drauf los, ohne daß ihr's auffiel.
Vielleicht ein Jahr nach Naneles Wegzug fing auch Fräulein Eleonore an zu kränkeln. So lange es nur irgend ging, hielt sie sich aufrecht und nähte auch noch ab und zu in den Häusern.
Sie vertraute mir an, sie könne auch leben, ohne weiter zu verdienen, da sie von Verwandten in Amerika jeden Monat eine namhafte Summe Geldes bekäme; doch die Unterstützung, die ich ihr verschaffen konnte, nahm sie dankbar an. Später stellte sich dann heraus, daß die namhafte Summe – 5 Mark waren.
Ihr Leiden machte rapide Fortschritte. Bei jedem Besuch erschrak ich über ihr Aussehen. Dem Doktor klagte sie u.a., daß sie an »Dimensionen« gegen das Gehirn leide. Als er sie fragte, ob sie jemanden habe, der sich für sie interessiere, nannte sie ihm meinen Namen.
Bei mir entschuldigte sie sich deshalb sehr und versicherte mir, sie habe eben in Stuttgart sonst niemand,

dem sie »interessant« sei. Sie bat mich dann, in die Sprechstunde ihres Arztes zu gehen, und dieser sagte mir, daß die Ärmste ein Krebsleiden habe und im Spital am besten aufgehoben sein würde.
Nach meinen Erfahrungen in diesem Punkt war mir etwas bange, wie sie's wohl aufnehmen würde, und ich war recht erstaunt, als sie mit Freuden einwilligte und sich nur ausbat, ich müsse sie hinbringen.
Sie lächelte geheimnisvoll, als ich sie deshalb lobte. Schon früher sei sie einmal im Krankenhaus gewesen, erzählte sie dann, und habe herausgefunden, wie man dort im ganzen Saal und auch bei den Schwestern in Achtung gelange und am zuvorkommendsten behandelt werde: wenn man nämlich einen silbernen Löffel mitbringe! Dabei zog sie einen dünnen Löffel mit zerkratztem Stiel unter ihrem Kopfkissen hervor und hielt ihn mir mit Genugtuung unter die Augen.
Richtig schien auch diesmal der Talisman seine Wirkung nicht zu verfehlen. Nicht genug konnte sie ihre Umgebung, besonders die Güte und Sorgfalt der Schwestern, bei mir loben.
Du gute Seele! Nicht Löffel und Ring noch Rubinkreuz haben dich deinen Mitmenschen so lieb gemacht. Nicht äußere Vorzüge sind's ja im Grund, mit denen wir sie gewinnen. Dein Wesen war's. Die Zufriedenheit, die du ihnen vorgelebt hast, und der Dank, den du jedem ihrer kleinen Dienste wußtest!
Als ich mit ihr zum Krankenhaus fuhr, waren an den Kastanienbäumen ganz kleine Knospen sichtbar. Wenn die blühen, meinte sie damals voll Zuversicht, darf ich vielleicht wieder heim. – Ja, sie durfte heim, als die Bäume in Blüte standen, aber in ein schöneres, herrlicheres Land, als sie hier unten gekannt hat.

Den Verwandten in Amerika hatte man von ihrer Krankheit geschrieben. Die Summe Geldes, die von dort am Vorabend ihres Todestags eintraf, reichte bis auf den Pfennig zu ihrem Begräbnis.

Frau Emmert

Sie wohnte nicht im Bohnenviertel, d.h. also nicht in meinem Distrikt. Ich kam aber doch einmal in Vertretung einer kranken Frau zu ihr.
Das über 90 Jahre alte Weiblein war noch ganz geistesfrisch, und als sie hörte, daß ich nicht weit von ihrem Geburtshaus, das in der Hauptstätterstraße stand, wohne, war sie hocherfreut und erzählte mit Begeisterung von ihrer Jugend. Wie gemütlich es damals in den Straßen zugegangen sei: daß man draußen die Wäsche gewaschen und auch gebügelt habe, und daß alle jungen Leute sich geduzt hätten, fand sie wunderschön.
Sie war aber auch in ihrem Alter zufriedenen Sinnes und für alles dankbar. Auch dafür besonders, daß sie sich noch nie bedeutend verletzt habe, obwohl sie des Tages mindestens 10 bis 12mal umfalle, wie ein Kind, das das Gehen lerne. Sie bat mich, doch wiederzukommen, und ich versprach's, hielt aber, wie so oft schon, nicht Wort.
Ein Jahr oder noch mehr mochte verflossen sein, da spendete Ihre Kaiserlich-Königliche Hoheit Großfürstin Wera aus Anlaß ihres 40jährigen Aufenthalts im Schwabenlande eine große Geldsumme mit der Bestimmung, sie sofort an hiesige, gut beleumundete Arme zu verteilen. Mir ward das Glück zuteil, deren fünf nennen zu dürfen, und als ich den Zettel zum Ausfüllen in die Hand nahm, fiel mir plötzlich meine alte, neue Bekannte ein.
Der Name Emmert war nun der erste, den ich nannte.

Ich bat um 20 Mark für die alte Frau, die ich beinahe vergessen hatte. Nach wenigen Tagen bekam ich das Geld, und zu meiner größten Freude wurden für meine gute Alte sogar 25 Mark bewilligt.
Nie, nie werde ich die Freude der alten Frau vergessen, als ich so unerwartet mit der reichen Gabe eintrat. Als ich vollends erfuhr, wer das Geld geschickt hatte, liefen ihr die hellen Tränen über die Wangen. »Was, vom Schloß?« rief sie einmal übers andere, »ja i sag's jo, der liebe Gott erhört Gebete. Sia werdet aber seha, jetzt sterb i, i han jo bloß no uf des g'wartet.«
Ich mag sie wohl etwas erstaunt und verständnislos angesehen haben, aber durch die Erzählung, die jetzt folgte, wurde mir alles klar.
Sie begann: »Vor viele, viele Johr hot bei ons em gleicha Haus a Frau g'wohnt, dia hot Schäfle züchtet. Wia se no amol grad so a jongs herzigs Schäfle g'hett hott, ist onser verstorbener König Karl grad a Johr alt worda. Des Schäfle krieagt onser Prenz zum Geburtstag, hot d'Hausfrau g'sagt, und du Lottle, därfscht's em brenga. Sag no deiner Mutter, se soll dir morga dei Sonntagskleid anziehe und soll dir Löckla brenna, du därfscht ens Schloß.
Mei Freud könnet Se sich denka, de ganz Nacht han i vor Glück net g'schlofa und kaum da Morga verwarta könne. Bis zum Schloß hot no d'Hausfrau des Lämmle trage, und no han i's am rota Bändele neiführa dürfa. Do ischt a schöner Tisch weiß'deckt g'wä mit ällerlei Sache druf, und i han emmerfort dia schöne, gelbe Orange angucka müessa und han mi b'sonna, was des wohl sei könnt.
Der Prenz hot g'jauchzt, wia er des Schäfle g'seha hot, und i han a ganz langs Weile em Schloß bleiba dürfa. Be-

schenkt mit feine Zuckerle und so em a gelba Äpfel, ben i selig und net wenig stolz heimkomma, und wär mehr als z'frieda g'wä.
No hot aber dui domm Hausfrau g'sagt: ›Ja wart no, Lottle, des ischt no net älles, du kriagscht no ebbes vom Schloß!‹
Und gucket se, so ischt der Mensch, jetzt paß i seitdem uf ebbes vom Schloß, trotzdem scho so viele Johr drüber ganga send. Und i will's Ehne no g'steha, i han sogar scho drom betet, der liabe Gott soll mer doch des, was mer miar vom Schloß her no schuldig sei, zuakomma lassa, eh i sterb. Ond jetzt kommet Sia heut ond brenget mer's, Se werdet seha, jetzt sterb i bald. I sterb aber gern, der liabe Gott hot jo mei Gebet erhört.
Wisset Se, dui Hausfrau ischt nobel belohnt worda, dera hot am nächste Tag a Schloßdeaner jedenfalls a schön's Geldg'schenk brocht, ond von dem hätt sui miar von rechtswega a kleins Gschenkle kaufa solla und miar sage, 's sei vom Schloß. Wenn's no a kleins Döckle (Püppchen) g'wä wär!
Em Schloß hent se natürlich gmoent, i sei's Töchterle von der Hausfrau, weil i's Schäfle brocht han. Aber gukket Se, Recht muaß doch Recht bleiba, jetzt ben i nach so viele Johr doch no zu meim Sach komma, ach, wia mi des freut!«
Sie trug mir dann allen Ernstes auf, diese Geschichte der Frau Herzogin zu erzählen und ihren Dank zu übermitteln.
Nach einigen Wochen las ich im Amtsblatt unter den Gestorbenen ihren Namen.

Frau Back

Wenn in der Spatzengasse irgendwo ein warmes Sonnenfleckchen war, konnte man sicher sein, sie dort zu treffen.

Damals gab's weder klingelnde Straßenbahnen noch unheimliche Automobile. Gemütlich konnte das alte Weiblein über die Straße trotteln, einen schweren Holzstuhl unter dem einen Arm, ihren Strickkorb am andern.

»Aber Frau Back, was schleppen Sie denn den schweren Stuhl! Setzen Sie sich doch in der Planie auf eine Bank!« sagte ich einmal zu ihr. »Noe, noe«, antwortete sie charaktervoll, »i sitz liaber uf mei'm Eigetom, ond no ischt's do au heller als uf der Planie.«

»Die Helle« sah man freilich dem Strickstrumpf nicht an. Der bewegte sich in den feinsten Nuancen von hellgrau bis tiefschwarz. Die Grundfarbe, weiß, war dagegen vollständig verschwunden.

Auch die Technik des Strumpfstrickens war bei ihr nicht von gewöhnlicher Art. Das veraltete System des Abnehmens vor und nach der Ferse hatte sie gewandt vereinfacht. Um ihren Strumpf an diesen Stellen schmäler zu bekommen, warf sie lustig eine Masche nach der andern hinunter. Dabei strickte sie um Geld. Ich habe nie erfahren können, welche mitleidige Seele diese seltenen Machwerke kaufte, bewundere aber noch heute der Unbekannten Großmut.

Auch was andere Fertigkeiten anbelangt, wich sie erheblich von der Menge ab.

Wenn sie mir etwas unterschreiben mußte, zeichnete sie jedesmal mit Sorgfalt drei Kreuzchen auf das Blatt. Sie war nämlich die einzige Frau in meiner »Kundschaft«, die nicht schreiben konnte.
Voll Mitleid fragte ich sie nach dieser Entdeckung, ob sie denn auch nicht lesen könne. »Ei jo«, sagte sie seelenvergnügt, »Liader em Gsangbuach, wo i auswendig ka, dia ka i guat lesa.«
Im Verlauf einer längeren Krankheit, die ihre letzte sein sollte, lernte ich auch die gemütlichen Eigenschaften Frau Backs näher kennen.
Meiner Frage, ob sie denn nicht eine Schwester zur Pflege wolle, folgte zuerst die vorsichtige Erkundigung, ob das was koste. Als dieser Punkt zu ihrer Zufriedenheit erledigt war, meinte sie: »Ha jo, 's könnt nex schade, aber älle Tag braucht se net z'komme, 's ischt haufa gnuag, wenn se me älle 8 Tag wäscht ond miar mei Schwänzle (Zopf) macht.«
Sie litt offenbar an der Wassersucht; denn Hände und Füße waren ihr schrecklich geschwollen. Ich bat den Arzt und Geistlichen, sie zu besuchen. Der Doktor sei fast in eine Ohnmacht »hineingefallen«, erzählte sie mir nachher, als er ihre geschwollenen »Schlegel« gesehen habe. Im übrigen äußerte sie sich aber zufrieden über ihn.
Weniger war dies nach dem Besuch ihres Pfarrers der Fall. Der komme immer, wenn's schon dunkle und man zum Lesen nicht mehr sehe. Er müsse deshalb immer auswendig beten, und daran habe sie keinen Glauben.
Bald sah ich, daß an ein Besserwerden nicht mehr zu denken war. Ich fragte sie deshalb nach ihren Verwandten, um diese zu benachrichtigen.
»Hier han e koene«, hörte ich, »ond mei'm Bruader en

Durlach dürfet Se net schreiba, der will nex meh von mer, seit er reich ischt.«
Sie mochte dabei einen Ausdruck von Unwillen bei mir wahrgenommen und ihn für einen Zweifel gehalten haben, und fuhr fort: »Ja, des ischt net no so, der ischt arg reich. Was moenet Se, der goht äll Johr ens Karlsbadersalz wega sei'm Maga, ond des koscht a Heidageld. Jo, ond no han e no a großa Schwester g'hätt, aber dui ischt scho vor 60 Johr noch Amerika ganga ond wird nemma leba.«
So stand also auch sie ganz allein in der Welt. Zu grämen schien sie sich nicht darüber; in der letzten Zeit war ihr ganzes Wünschen und Denken auf einen Punkt gerichtet.
Sie bekam vom Armenamt ihr Stübchen bezahlt. Immer am Ende eines Monats wurden ihr 7 Mark gebracht. Weil sie aber am 15. eines Monats eingezogen war, bezahlte sie auch erst an diesem Tag, und so hatte sie die 7 Mark immer zwei Wochen daliegen. Sorgfältig verpackt ruhte dann allemal dieser Schatz in der Tiefe eines alten Koffers, um zur bestimmten Zeit seufzend gehoben zu werden. Nun war ihr aber viel wichtiger als ihre Seligkeit, daß sie doch ja einst am Anfang eines Monats sterben werde. »Wisset Se«, sagte sie mir unzählige Male, »i möcht halt, daß 's nach mei'm Tod hoeßt, mer hot no 7 Mark bei er g'fonda.«
Das war das ehrgeizige Ziel der armen Seele, das ihr Tag und Nacht nicht aus dem Sinn kam.
Vergeblich suchte ich ihr begreiflich zu machen, wie es für die Ewigkeit so gar keinen Wert habe, ob man ein paar Mark hinterlasse oder nicht. Ich stellte ihr dringend vor, sie solle doch an ihr Ende und an die wichtigste Frage denken, ob sie auch in den Himmel komme.

»Ha, des woeß i doch ganz g'wiß«, beruhigte sie mich, »i han jo koen Kreuzer Schulda.« Und dann fing das alte Lied wieder an.
Richtig starb sie auch in der ersten Hälfte eines Monats, und ich habe ihren Tod in der Zeitung angezeigt. Von der großen Hinterlassenschaft aber hat niemand etwas erfahren. Die nahm mit meiner Einwilligung die Hausfrau als ihr gutes Recht an sich.
Wie groß wäre ihre Freude gewesen, wenn sie gewußt hätte, einst stünde in einem Büchlein gedruckt, daß Frau Back in ihrem Koffer 7 Mark hinterlassen hat!

Frau Gahl

»Wohnt hier die Viertelsfrau?« hörte ich an der Gangtüre eine Frau fragen. Bei meinem Erscheinen erzählte sie mir, sie sei von einer »Mitkollegin« geschickt, die sich in großer Not befände. Ich ließ mir die Adresse sagen und ging noch am gleichen Tag hin.
In einem dumpfen Dachstübchen saß ein altes, runzliges Mütterlein, das mich aufs freundlichste, wie eine alte Bekannte, empfing. Schief auf ihrem Kopf saß ein schmutziges Häuble und Kleider von ähnlicher Beschaffenheit hingen ihr um den mageren, kleinen Körper.
Es dauerte nicht lange, bis ich entdeckt hatte, daß sie stocktaub war, was unsere Verhandlungen einigermaßen erschwerte. Als sie endlich begriffen hatte, warum ich gekommen war, geriet sie ganz außer sich vor Glück.
Es war aber auch Zeit, daß man nach dem verlassenen Weiblein sah! Ihre Umgebung, besonders aber ihr Bett, war in bemitleidenswerter Verfassung. Nur sehr selten, gestand sie, wage sie, es zu schütteln, weil sonst die paar Federn drin vollends herausflögen.
Auf dem Strohsack hatte sie alte, zerrissene Kleider liegen, und darin trieben die Wanzen bei hellichtem Tag ihr Unwesen.
Weil sie selbst nicht mehr gehen konnte, um ihr Gesuch bei der Verwaltung des Lokal-Wohltätigkeits-Vereins anzubringen, wollte ich den dazu nötigen Fragebogen bei ihr selbst ausfüllen. Das war aber ein schweres Stück Arbeit, und ich denke immer noch mit Lächeln an das ge-

lungene Frage- und Antwortspiel, das sich damals zwischen uns beiden entspann.
»Wie ist ihr Mädchenname?« fragte ich. »Lena han i g'hoeßa, wia i no a Kend gwä ben, ond so hot d'Frau Mi- nischter au g'sagt, wia i scho a Wäschere gwä ben.«
»Ja, aber den andern Namen meine ich, wie Ihre Eltern geheißen haben?« – »O liabs Kend, des woeß i nemme, des ischt scho langerhand, froga ka mer's au nemma, weil se scho lang g'storba send.«
»Wann sind Sie denn geboren?« – »Schreibet Se no na, wia's g'schniea hot, da Tag woeß i auch nemma so g'nau.«
»Wo haben Sie denn früher gewohnt?« – »O je, dia Herra wöllet aber amol viel wissa, des fallt mer jetzt grad gar net ei.«
»Wisset Se was«, beendigte sie schließlich das Verhör, »i will me heut nacht b'senna, no kommt mer's vielleicht.«
Am nächsten Morgen wußte sie dann noch weniger.
Aber in meinem Leben habe ich noch nie jemand so sich freuen sehen wie die gute Frau, als nach einiger Zeit ihr Gesuch berücksichtigt wurde, und sie trotz der dürftigen Personalien ein neues Bett und eine Geldgabe vom Verein empfing.
Da stand sie und schaute glückselig auf das schöne, frisch geschüttelte Bett und streichelte wortlos seine funkelnden, bunten Bezüge.
Von einem edlen, vielgenannten Geber hatte ich auch noch ein Hörrohr für sie zum Geschenk bekommen. Das hielt sie staunend in ihrer Hand und jauchzte förmlich vor Glück. »Wia em Himmel ben i, der Freuden so viel!« Sie hatte gerade zu tun mit Streicheln: hin und her ging's vom Bett zum Hörrohr und von da zu dem Geldstück auf dem Tisch.

Nicht lange darauf kam die »Mitkollegin« wieder zu mir mit der Nachricht, Frau Gahl sei krank.
Welche Wohltat war nun das gute Bett, in dem sie jetzt wohlgeborgen und vergnügt wie immer lag!
Ganz nah mußte ich mich zu ihr hersetzen. »I kann Ihr'n lange Nama gar net b'halta – därf i net Rickele zu Ehne saga?« fragte sie schüchtern. Wie hätte ich ihr das nicht erlauben sollen!
Ich bat nun die Armenschwester, den Armenarzt und ihren Seelsorger, sie zu besuchen, und dafür kannte ihre Dankbarkeit keine Grenzen. Ihre Hausfrau erzählte mir, sie sei an dem Tag, an dem sie Arzt und Pfarrer erwartet habe, immer aufrecht im Bett gesessen, um ja nicht einzuschlafen.
Der Doktor war der erste, der kam. Flugs holte sie das Hörrohr unter dem Kopfkissen hervor, wußte aber vor freudiger Aufregung nicht mehr, wie's zu machen war, nahm's an ihren Mund und schrie aus Leibeskräften den Doktor an: »Hent Sia heut scho predigt?« Sie hielt ihn für den Pfarrer, dieser Frau Gahl für verrückt, bis man ihn aufklärte.
Er sagte, er werde ihr alle 14 Tage eine Flasche Wein verschreiben, sie aber verstand 40 Flaschen und jammerte händeringend: »Ach, wo na mit dene 40 Flascha – i han jo koen Keller.«
Schließlich kam ihr ein rettender Gedanke. Sie konnte ja von dem Überfluß herschenken. »Sie kriaget zeha Flascha, Rickele, ond d' Fräule Schwester (die Armenschwester) zeha, de ober ond de onter Hausfrau zeha, ond zeha b'halt i.« Dann fiel ihr aber noch jemand Würdiges ein: »Der Herr Armenpfleger, wo mi amol b'sucht hot, der kriagt au zeha. Der hot so bleichele ausgseha, der ka's braucha.«

Um diese Zeit brachte ich ihr eine neue Bettjacke, da die alte doch gar zu schlecht in das neue Bett paßte. »O Rikkele«, rief sie bei ihrem Anblick aus, »gestern han i da ganz Tag sterba wölla, s'ischt mer so vertloedet g'wä; jetzt will e aber nemme sterba von dem schöna Bettkittel weg.«

»O, wenn i Sia net hätt«, fuhr sie fort und streichelte mich wie damals das Bett und das Hörrohr. Das schien ihr aber offenbar noch kein genügender Ausdruck ihrer Sympathie; auf einmal ging's weiter: »Rickele, Sia sehent onserem Herrgott a bisle gleich, ganz g'wiß, do rom«, und dabei strich sie mit der Hand an ihrem Kinn herunter. – »Der Herr Stadtpfarrer«, erzählte sie nach einer Pause weiter, »hot mer so schöne G'sätzle en d'Ohra neigschria; ond d' Schwester, dui hot mer geschtern drei volle Stond' ›gwanzt‹.«

Für diese Dienste hatte sie aber auch gleich einen verheißungsvollen Lohn bereit: »Se werdet scho seha, Sia und der Herr Stadtpfarrer ond d' Schwester, Sia dürfet amol älle drei ansda ganz en Hemmel nuff fahra.«

Kurz darauf traf ich sie einmal schlafend an. Leise stellte ich die Flasche Wein und ein paar Eier, die ich mitgebracht hatte, auf den Tisch und setzte mich auf den wakkeligen Stuhl davor, ihr Erwachen abzuwarten.

Sie mochte wohl in ihren Träumen in der alten Heimat gewesen sein, denn als sie nachher aufgewacht war und sich die Augen ausgerieben hatte, sagte sie wohlwollend zu mir: »So, du bischt's; bischt mit Eier ronter komma, uf da Märkt? Wer hot euch denn g'schrieba, daß i krank ben?« Und als ihr Blick auf Eier und Flasche auf dem Tisch fiel: »Hoscht denn au miar Eier brocht? Ha jo, ond au no a Flasch Moscht! Des hättsch't net toh solla; narr miar goht nex ab.«

Und jetzt folgte eine lange Rede darüber, wie gut sie's habe. »All Morga kommt d'Fräule Schwester ond tuet me wäscha ond kämma, ond des koscht koen Kreuzer. Ond no kommt no oena, so a Großa (damit meinte sie mich), sell isch a Liaba! Hoscht se net begegnet? Se lauft da ganza Tag en der Holzstroß uf ond ab. Dui hot mer vor a paar Tag den neua Bettkittel brocht, und jetzt ischt er am Ärmel scho voll Dreck. Jetzt han i so Angscht, bis se kommt, dui wird schö schempfa. Ond der Pfarrer kommt ond der Doktor, ond d' Hausleut brenget mer so viel z' esset.«
»Bacht, ziag's Tischschublädle uf!« Als ich dieser Aufforderung nicht sofort Folge leistete, patschte sie mit einer Energie auf die Bettdecke, die ich dem alten Weible gar nicht zugetraut hätte. (Zum Glück flogen ja aber keine Federn mehr heraus!) »Hosch g'hört, ufmacha!« schrie sie ungeduldig. In der Tischlade aber lag weiß glänzend und schon etwas im Schmelzen begriffen ein stattliches Punschtörtle. Triumphierend schaute sie mich an.
»Des han i heut kriagt«, erklärte sie. »Des nemmscht, bacht, so hoscht en deim Leba no nex gessa. ›Nachtisch‹ hoeßt mer's, ond mit Wei ischt's g'füllt.«
Ich zog vor, das Geschenk mitzunehmen, als, wie sie verlangte, gleich hineinzubeißen. »Wenn i's g'wißt hätt, no hätt i 's andere nett gessa; no hättscht könna em Jakob au oes bringa«, bedauerte sie noch. Dann verabschiedete sie mich mit vielen Grüßen an d' Muatter, d' Mina und den Jakob – ohne eine Ahnung von ihrem Irrtum. Warum hätte ich sie auch aus glücklichen Träumen reißen sollen?
Das nächste Mal fragte ich, ob noch niemand aus ihrer Heimat bei ihr gewesen sei. »Ei jo«, war die Antwort,

»vor a paar Täg ischt meiner Schwester Dochter do g'wä ond hot mer a paar Eier ond en Mooscht brocht.«
Bei dieser Gelegenheit hätte ich auch gerne etwas von der Jugend meines drolligen Weibleins gehört. Aber da war die Erinnerung recht dürftig. Sie wußte nur, daß sie immer steinalt gebackenes Brot bekommen habe, und daß ihre Mutter mit Sand von Haus zu Haus gezogen sei. »Aber liab's Rickele, domols hot's no net so viel ond große Häuser en Stuegert gä!«
Weiter erstreckte sich ihr Gedächtnis auf ihre Wäschen: wieviel Soda man in dem und wieviel in jenem Haus genommen habe.
»'s Minischters« waren ihr bestes Haus. Dort hätte sie immer ein Ministeressen bekommen, und da seien auch die größten Wäschen gewesen. Oft sei sie bis zwölfe oder dreizehne in der Waschküche gestanden. Der Frau Minister sei's schrecklich gewesen, wie sie hätte nimmer waschen können. »Lene«, habe sie gesagt, »sorget Se mer no für a Nachfolgere, Sia wisset jo, was i brauch: a ruchlose Wäschere, wie Sia oene gwäse send. – Ond der Herr Minischter hot g'sorgt, daß i da Alterslohn (Rente) kriag', drom ka i so sorgalos leba.«
Einige Wochen darauf mußte ich ein paar Tage verreisen, und während dieser Zeit wurde die Kranke ins Spital gebracht. Als ich sie dort besuchte, war sie schon nicht mehr ganz klar, erkannte mich aber doch gleich an der Stimme und sagte: »Des ischt aber recht, daß Sia komma send, Rickele, denket Se, d' Fräule Schwester hot me ens Spital to wölla ond schon enandernach mei Sach z'sammepackt. Aber i han gleich g'sagt, des leid't mei Rickele net.« – In diesem Vertrauen ist sie wenige Tage darauf, ohne die Bitterkeit des Todes geschmeckt zu haben, sanft eingeschlafen.

Frau Zwisele

Eines Abends kam ein Kind atemlos unsere drei Treppen heraufgesprungen und rief weinend: »d' Fräule Marie soll komma, sonst stirbt mei Großmamme!«
Das war Frau Zwiseles Enkele, die kleine Frida, die eine Kinderschule in unserer Nähe besuchte. Sie wurde hie und da mit einem Blumengruß oder mit einem Auftrag ihrer Lehrerin zu uns geschickt. Manchmal mag die Lehrerin bei irgendeinem Ereignis in der Kinderschule gesagt haben, das müsse man mir mitteilen. Etwa, wenn ein Kind besonders brav oder unartig gewesen war, oder wenn eines um unentgeltliche Aufnahme bat. Daher das unbedingte Vertrauen der kleinen Frida Zwisele, die glaubte, ihre Großmutter werde nicht sterben, wenn ich komme.
Die Nachricht, die die Kleine brachte, erschreckte mich sehr, aber es war mir an jenem Abend unmöglich, zu ihrer Großmutter zu gehen.
Am nächsten Morgen in aller Frühe machte ich mich auf den Weg.
Frau Zwisele, eine Händlerin, von der wir seit Jahren unsern Obstbedarf bezogen, war eine ordentliche Frau von derb-biederem Wesen, die wir alle gern hatten. Drum regten sich bei mir allerlei Vorwürfe. Hätte ich schließlich nicht doch gestern abend noch gehen können? Und ach, den letzten großen Obsteinkauf, eine Sendung Orangen nach auswärts, hatte ich nicht bei ihr gemacht.

Da war das Haus, in dem sie wohnte. Ich wollte nach den Streichhölzern greifen, die ich mitgenommen hatte, da das Treppenhaus auch bei hellem Tag stockdunkel war. Wo waren sie denn? Ich mußte sie unterwegs verloren haben.

Langsam stieg ich die ausgetretenen Stufen der drei Treppen hinauf.

Droben klopfte ich an die erste Türe. Keine Antwort. Todesstille drinnen. Wieder regten sich die Vorwürfe: gestern hättest du sie noch lebend getroffen ... Ich tastete weiter, kam an eine zweite Türe. Auch da keine Antwort auf mein Klopfen.

Schon wollte ich traurig wieder weggehen, das Bild der Frau, starr und tot auf ihrem Bette liegend, vor Augen. Keine freundliche Frau Zwisele sollt's mehr geben, die, selbst von Gesundheit strotzend, neben ihren rotbackigen Äpfeln saß.

Da entdeckte ich eine dritte Türe. Schüchtern klopfte ich auch hier an, und unverzüglich erscholl drin eine bekannte Bärenstimme: »Wer ischt druß?« Ich schrak ordentlich zusammen. Dann nannte ich meinen Namen.

Sogleich öffnete sich die Türe, und auf der Schwelle stand, allerdings in sehr kurzem Unterrock und mit sehr kurzen, offenen Härchen, aber sonst ganz menschlich und sich gleich, die totgeglaubte Frau Zwisele.

»Hent Sia Oranga wölle?« fragte sie in gesundem Baß.

Da erzählte ich ihr, warum ich gekommen war.

Die Freude, die ihrerseits auf diesen Bericht folgte, und dieses dröhnende Gelächter lassen sich nicht beschreiben. Aber gleich darauf ging's an ein Entschuldigen: »Ach, jetzt hent Sia g'meint, i sei am Sterba ond send deswega komma, ond miar goht's doch ganz guet; ach, d'esch't mer aber amol leid.«

Die Erfrischungen, die ich ihr mitgebracht hatte, wollte sie mir absolut bezahlen und gar nicht glauben, daß es mir viel lieber sei, sie gesund und frisch angetroffen zu haben.
Gestern sei sie starker Gliederschmerzen wegen im Bett geblieben. Da habe die kleine Frida, die sie besucht hätte, angstvoll gesagt: »Großmutter, mußt du jetzt sterben?« Diese wollte sehen, welchen Eindruck das auf die Kleine machen würde und sagte »Ja«. Darauf war das arme Kind laut weinend zur Türe hinausgerannt und mit seinem Jammer zu mir gekommen.
Seitdem ist zwischen uns beiden aber eine große Freundschaft entstanden. Frida will sogar, wenn sie erwachsen ist, unsere Köchin werden und freut sich schon, bis sie dann bei der Großmutter die Obsteinkäufe besorgen darf.

Frau Rauch

Das Haus, in dem sie wohnte, steht nicht mehr, und das ist ein Glück. Ich glaube, man hätte den üblen Geruch anders nicht aus ihrem Zimmer gebracht.
Eine Frau hatte früher einmal bei ihr einen Ekel gefaßt, worüber ich mich damals sehr wunderte. Aber nur so lange, bis ich selbst den ersten Besuch gemacht hatte.
Sie war entschieden das schmutzigste meiner Weiblein, und das will etwas heißen.
Ihr Zimmer hatte allerdings ein Fenster. Dasselbe wurde aber nie aufgemacht. Auf dem Gesims stand eine Menge großer und kleiner Flaschen, die aber derart mit Staub überzogen waren, daß man nicht unterscheiden konnte, ob etwas drin war oder nicht. Dann lagen dort ein paar krumme, rostige Nägel, die Hälfte einer Beißzange und ein Hammer ohne Stiel, ein Stopfei, etwas Zwirn und eine Lichtschere, was alles auf eine recht vielseitige Tätigkeit schließen ließ.
Der ziemlich große Tisch im Zimmer war derart mit »Kruscht« bedeckt, daß tatsächlich kein Plätzchen da war, auf dem die Frau mir hätte unterschreiben können.
Einen Schrank besaß sie nicht. Ihre Kleider hingen zur Dekoration an der Wand herum, und jedes Stück strömte einen andern Geruch aus.
Es war Abend, als ich den ersten Besuch bei Frau Rauch machte. Die entsetzliche Luft, die mir beim Betreten des Zimmers entgegenschlug, benahm mir fast den Atem. Als eine wahre Wohltat empfand ich es, daß die kleine

Lampe, die in lebensgefährlicher Haltung auf dem Krusttisch stand, eine Wolke von Qualm in die Luft schickte. Das war wie Wohlgeruch im Vergleich zu der übrigen Atmosphäre, und ich sorgte nur immer, Frau Rauch werde den Rauch entdecken und die Lampe herunterschrauben. Zum Glück war sie aber so mit meiner Anwesenheit beschäftigt, daß sie nichts merkte.

Sie lud mich zum Sitzen ein und war gleich sehr mitteilsam. »Früher«, fing sie an zu erzählen, »han i au a Samariterherz g'het, aber natürlich, wia mei Mann g'storba ischt, hot's aufhöra müssa. Ach, i han so glücklich g'lebt mit mei'm Mann, wenn er au a Ausländer g'wä ischt – a Sachs!«

Lang erzählte sie dann von seiner letzten Krankheit und ihrer guten Pflege und plötzlich standen ihre Augen voll Tränen. »Mit zweiundsechzig ist er ›entschieden‹« (verschieden), sagte sie mit gefalteten Händen im höchsten Hochdeutsch.

Sie konnte gar nicht begreifen, daß ich schon Miene zum Gehen machte, und meinte, es sei doch ein recht trauliches Stündchen gewesen.

Stehend mußte ich dann noch anhören, welch christliche Erziehung sie genossen hätte, und wie ihre Mutter nie aufgehört habe, sie zur Ordnung und Sparsamkeit anzuhalten. »A Frauahemd soll mer net wegschmeißa, eh's 9 Pfond wiegt. Ond so han i's au mei Lebalang g'halta.« Damit entließ sie mich, nachdem ich ihr versprochen hatte, bald wiederzukommen.

Monate gingen aber drüber hin. Eines Tages brachte die Post eine Karte, die mich an mein Versprechen erinnerte. Mit ungelenker Hand stand darauf geschrieben: »Mit stechen hat es angefangen und keinen Abetik, sie sollen gleich zu Frau Rauch kommen.«

Unter der Haustüre empfing mich eine im Haus wohnende Frau und meldete mir, nicht ohne Stolz, daß sie das Schriftstück verfaßt habe.
Die kranke Frau Rauch aber empfing mich mit den Worten: »s' wird wohl dui wüascht Denge sei, wo jetzt älle Leut' hent (Grippe), aber ens Spital gang i net.«
Es stellte sich heraus, daß die Hausfrau schon ein weiteres Schriftstück abgefaßt hatte, um einen Bruder von Frau Rauch, der auf dem Lande wohnte, zur Pflege herbeizurufen.
Derselbe kam auch noch am gleichen Tag, muß aber keine besondere Kunst des Krankenpflegens an den Tag gelegt haben, denn bald bat mich Frau Rauch flehentlich, sie doch im Krankenhaus anzumelden. Auch der »Pfleger« war durch diesen Entschluß sichtlich erleichtert und unterstützte ihn kräftig.
Er war die gute Stunde selber (gut wie ein Stück Brot, wie sie in Ungarn sagen) und folgte der Schwester aufs Wort. Er legte sich des Nachts auf ein altes Bügelbrett, das über zwei Stühle gelegt war, und ließ sich demütig schelten, so oft er herunterfiel und die Schwester erschreckte.
Lichtpunkte während seines Aufenthaltes bei ihr waren die Mahlzeiten, die sie aus alten Kundenhäusern bekam, und die er verzehren durfte, da bei ihr immer noch der »Abetik« fehlte.
Nicht genug konnte er rühmen, wie freundlich man überall gegen ihn sei, und was für wohltätige Leute es in Stuttgart gäbe.
Der Aufnahme ins Spital stand nichts entgegen, da Frau Rauch Mitglied einer Krankenkasse war.
Das war eine Freude, als ich ihr sagte, sie dürfe noch am selben Tag in einem Wagen hinfahren. Verabredeterma-

ßen traf ich nachmittags 3 Uhr bei ihr ein, um sie abzuholen. Mitten im Zimmer stand sie da, schon zur Abfahrt bereit. Aber wie sah sie aus! Man denke sich das alte Weiblein in sehr kurzem Unterröckchen und geblümter Bettjacke, auf dem Kopf einen schwarzen Hut mit roter Feder.

Nur mit Mühe gelang es mir, ihre Toilette noch etwas zu vervollständigen. Den Winterhut hätte ich ihr sehr gern abgesprochen, denn es war ein heißer Tag, und er paßte so gar nicht zu allem übrigen. Aber mit beiden Händen hielt sie ihn bei diesem Versuch auf dem Kopf fest und weinte fast: »Noe, noe, den b'halt i uf; nia hot sich's schicka wölla, emmer ischt er z'nobel gwä, jetzt en d' Chaise nei paßt er. Ond i han en jo zum Andenken an d'Frau Kanzleirat kriagt.«

Die Frau, die die Briefe geschrieben hatte, brachte zuletzt noch ein mottenzerfressenes Tuch, das um Frau Rauchs Schultern gelegt wurde unter ernsten Ermahnungen der Eigentümerin, es ja zu schonen und bald zurückzuschicken.

Dann ging unser Zug im Gefolge sämtlicher Hausfrauen die Treppe hinunter zu der unten wartenden Chaise. Jede der Frauen hatte noch einen andern Wunsch für Frau Rauch; eine gab ihr den merkwürdigen Trost mit auf den Weg, an der »Influenz« seien schon viele Leute gestorben.

Endlich waren wir plaziert, die Pferde zogen an, die rote Hutfeder nickte abschiednehmend hinaus – da klang auf einmal ein dumpfes: »Halt« an unsere Ohren. Da stand dicht vor den Pferden der arme Bruder, einen Arm beschwörend zum Kutscher emporgehoben. Ihn, den Guten, Vielgetreuen hatte man um ein Haar vergessen. Als er uns dann gegenüber saß, übers ganze Gesicht und aus

jedem Winkel der kleinen Äuglein strahlend, ging die Fahrt vollends glücklich vonstatten.
Viel zu früh, nach der Geschwister Meinung, hatten wir das Krankenhaus erreicht. Zu dreien stiegen wir die Treppen hinauf in den Krankensaal, wo uns eine Schwester, zu mir gewandt, mit den liebreichen Worten empfing: »Ach, Sie bringen g'wiß d'Frau Mamme.« – Eine Bemerkung, die sicher Frau Rauch noch mehr beglückte als mich.
Bei meinem ersten Besuch beklagte sie sich bitter, daß man sie gebadet habe! Wenn sie das gewußt hätte, wäre sie nicht in das Spital gegangen. Seit dem Bad friere sie beständig.
Aber schon nach wenigen Tagen hatte sie diese ihr widerfahrene rücksichtslose Behandlung vergessen und war voll Lobs über die vortreffliche Pflege. »O Jakob, dui Pfleg, gega der deina!« empfing sie den Bruder bei seinem ersten Besuch.
Sie war fest davon überzeugt, daß sie der Liebling sowohl des Arztes als auch der Schwestern sei.
Ihre Kräfte schwanden sichtlich, das fühlte auch sie und sprach mit Fassung von ihrem baldigen Sterben.
»Ein Wunsch hätt i no«, meinte sie einmal. Ich forderte sie auf, ihn zu sagen, – wenn es irgend in meiner Macht stünde, wolle ich ihn erfüllen.
Da lächelte sie selig, sah mich mit einem Blick an, in dem eine Welt voll Verlangen lag und flüsterte: »En kalta Pfannakuecha!«

Frau Schondelmaier

Auf demselben Boden wie Frau Frick wohnte damals eine kranke Frau, die ich auch vom Krankenverein aus besuchte. Gewöhnlich trat ich zuerst bei Frau Frick ein. Kaum hörte das allemal die andere, so kam sie schon, trotz eines kranken Fußes, mit großer Geschwindigkeit herbeigehumpelt.

»I bleib au do ond hör zua«, verkündigte sie dann großmütig, »no hent Sia glei zwoi Mucka auf oen Schlag.«

Ich glaube aber, sie kam mehr, um zu sehen, ob ich nicht ihrer Nachbarin etwas mehr mitgebracht hätte als ihr. Das hätte sie nämlich absolut nicht ertragen können: Ihr kranker Fuß war ihr eine Art Konkurrenz zu Frau Fricks kurzem Atem, und wehe mir, wenn ich mich unterstand, dieses letztere Übel ärger zu finden.

Im übrigen waren die beiden aber gute Freundinnen, und die Dialoge, die ich bei meinen Besuchen dort anhören konnte, waren mir zur Abwechslung recht interessant.

Einmal, als ich selbst wegen eines kranken Fußes genötigt war, meine Besuche bei ihnen eine Weile einzustellen, nahmen sie sich das sehr zu Herzen, und rührend war der Empfang, als ich wiederkam. Eine rief die andere als Zeugin für den durchgemachten Jammer und die Teilnahme an meiner Krankheit auf.

»Emmer hent mer em Blättle nach Ihrem Trauerbrief guckt.« – »Ond geltet Sia, Hausfrau, emmer hent mer bettet: Ach liaber Gott, laß doch dera ihre Füeß heba, so lang mir zwoe no lebet; wer tät es denn onser Holz verschreiba, wenn dui nemme laufa ka.«

Leider hatte das einträchtige Miteinanderjammern aber bald ein Ende, denn beiden wurde aus mir unbekanntem Grund die Wohnung gekündigt.

Eine Zeitlang hatten sie den Gedanken, wieder zusammen in ein Haus zu ziehen. Es kam aber nicht dazu; mir blieb nur Frau Schondelmaier als Kundin. Mit ihr machte ein langjähriger Logisherr den Umzug mit, was ihr zu großem Trost gereichte.

Bei dieser Gelegenheit bekam ich eingehende Kenntnis von den bedeutenden Charaktereigenschaften dieses Herrn Emmert, den Frau Schondelmaier in allen Tonarten lobte.

»Bloß en oener Art ben e net mit ehm z'friede«, ging dann die längere Rede ihrem Ende zu, »moenet Se au, der hätt mi au no oemol von seim Nachtessa versuacha lassa? O b'hüete! Der guckt ruhig zua, wia i mein Kaffee neba ehm trenk' ond schmatzgt sei Wurscht, daß mir's Wasser em Maul z'samme lauft. Aber nie sächt er, i soll beiße.«

Da ich letzteres sehr begreiflich fand, wollte ich ihn eben etwas in Schutz nehmen, als die Tür aufging und ich zum erstenmal das Vergnügen hatte, den Herrn Emmert selbst zu sehen.

Es war mir das zugleich ein willkommener Anlaß aufzustehen, da ich schon ziemlich lange bei Frau Schondelmaier geblieben war. Diese mißverstand aber den Zusammenhang. »No sitza bliebe«, sagte sie zartfühlend, »der Emmert guckt koe Frauezemmer a.«

Mit ihrer neuen Wohnung hatte sie keinen guten Tausch gemacht. Ihr Zimmerle war recht düster und hatte gar keine Aussicht.

Da saß sie nun den lieben langen Tag auf ihrem krachenden Sofa, rechts eine gewaltige Schnupftabaksdose und links ein entsprechend großes, merkwürdig geflecktes Tuch. Dasselbe mochte wohl auch einmal weiß gewesen sein, sah aber von monatelang unausgesetztem Gebrauch fürchterlich aus.
Wenn ich kam, war das erste, daß sie mir eine Prise anbot. »Weil i Ehne jo sonscht gar nex gä ka«, pflegte sie zu sagen. Es war dann jedesmal ein großer Spaß für sie, wenn ich niesen mußte. Da hielt sie sich die Seiten vor Lachen.
»D'escht bloß am Anfang«, belehrte sie mich, »später müasset Se nemme nießa. No g'schnupft, sag i, des butzt da Kopf aus. Ja, worom ben denn i mit 80 Johr no so hell? Des macht bloß mei Schnupfa.«
Als ich die letzte Prise bei ihr nahm, zog sie mir entsetzt mein Taschentuch weg und sagte: »Was werdet Sia Ihrer Schwester so a drecketa Wäsch' macha, do – bei mir goht's en oem!« Damit überreichte sie mir ihren braunen Lumpen. Aber so weit ging die Intimität nicht!
Ein großer Jammer war's jedesmal für sie, wenn wir im Sommer auf die Reise gingen. Ungarn kam ihr schrecklich weit vor, viel viel weiter als Amerika. Sie ließ sich's nicht nehmen, daß es da über verschiedene Meere ginge, und jammerte fort und fort: »Ach, Se werdet mer doch net versaufa oder do henna en Schlag kriaga!« Diese zwei Möglichkeiten machten ihr am meisten zu schaffen, da sie ja dann auch meinen Trauerbrief nicht lesen könnte. Wen sie nur dazu gewinnen konnte, den schickte sie während unserer Abwesenheit an unser Haus, um nachsehen zu lassen, ob die Fensterläden noch nicht offen seien.
Ihre Wiedersehensfreude war dann jedesmal ebenso

groß wie vorher der Abschiedsschmerz. Immer fürchtete ich mich dabei vor einem Kuß. »Ja send Se's denn, Sia brav's Frauezemmer, ach, wia ben i so froh, daß Sia wieder do send; koe Mensch hot sonscht noch mer guckt!«

Das war so das Thema der ersten Reden nach unserer Reise, dem dann noch allerlei Variationen angehängt wurden. »Höret Se«, hieß einmal eine davon, »i moe, Sia seied do henna wieder ebbes säuberer worda! Freile, i g'sieh nemme guat«, kam aber gleich darauf ein Dämpfer.

Eines Morgens fand man Frau Schondelmaier bewußtlos auf dem Boden liegen. Mit schwerer Mühe brachte man sie ins Bett. Sie machte ganz den Eindruck, als hätte sie nur noch wenige Tage zu leben. Die Hausfrau, die beim Besuch des Arztes zugegen gewesen war, sagte mir mit betrübter Miene, derselbe hätte einen Schlaganfall »konstantiert«. Da war mir's ganz wunderbar, wie schnell sie sich dann wieder erholte.

Schon am nächsten Tag war sie bei klarem Verstand und konnte sprechen, wie wenn nichts geschehen wäre. Am dritten Tag aber saß sie wieder schnupfend in der Sofaecke und rief mir vergnügt zu: »Jetzt ben i aber so froh, daß i wieder schwätza ka!«

Das merkte man allerdings an jenem Nachmittag, an dem sie mich stundenlang nicht fortließ. Des langen und breiten erzählte sie: von ihrer Jugend, in der sie jedermanns Liebling gewesen sei, ihrer Arbeit, die ihr immer Freude gemacht habe, von alten und neuen Erfahrungen mit Menschen ihres Verkehrs, – alles im Licht einer selten optimistischen Weltanschauung.

»Dir muaß's amol guat geha«, habe ihre Mutter oft zu ihr gesagt. Und das sei auch wahr geworden, und des-

halb glaube sie auch, daß sie einmal in ihrem Stüble sterben dürfe und nicht ins Spital müsse.
Überhaupt – so verallgemeinerte sie dann ihre Rede –, sei die Welt gar nicht schlechter geworden als früher. »Wenn mer no annemmt, was jetzt für viele wohltätige Verei gibt! Früher, do send d'Leut ganz uf Gottes Barmherzigkeit ang'wiesa g'wä. Ond von Selbstmord hot mer au so viel g'hört en frühere Zeita. En meiner nächsta Nochberschaft en Ludwigsburg hot a reicher Herr g'wohnt. Dem sei Sohn hot a Mädle gern g'het ond hot se aber net heirate dürfe. Was tuet der? B'stellt des Mädle en sein Garte, nemmt en Revolver mit und verschiaßt z'erschta sich ond no des Mädle. Was ischt denn des anderscht, als a doppelter Selbstmord?!«
Kurz darauf traf ich sie einmal frierend in einem eiskalten Zimmer, weil sie sich nicht bücken und darum kein Feuer machen konnte.
Natürlich tat ich ihr den kleinen Dienst, und darob war ihre Rührung groß. »Sia, – Sia send a Engel«, schluchzte sie, »so gibt's gar koena meh.« Und dann noch steigerungsbedürftig: »Ach was, Sie send koe Engel, Sia send a christlicher Hammel!«
Von da an trachtete sie darnach, mir auf alle nur erdenkliche Weise ihre Liebe und Dankbarkeit zu zeigen. Und zwar geschah das auch in einer sich regelmäßig steigernden Weise.
Bei meinem nächsten Besuch zog sie ein verschlitztes grünes Beutelchen aus der Tasche und zählte mir daraus 50 Pfennige in lauter kleinen Münzen auf den Tisch. Dann kam die Erklärung: »Sia hent mir scho soviel Freud' g'macht, des ischt jo net an d'Wand z'molet. Jetzt müasset Sie leida, daß i Ehne au oena mach. Do, des Geld nemmet Se ond kaufet sich derfür 's schönscht

Bukett, wo's uf em Märkt gibt.« (Das war im November!)
Ordentlich böse wurde sie, als ich's nicht nahm. Dann müsse sie sich halt auf etwas anderes besinnen.
Und das andere kam. Mit stolzer Freude verkündigte sie mir eines Tages, sie erwarte ihrer Schwester Sohn aus Amerika. Den schicke sie dann zu mir, – so sei doch einmal ein lebendiger Amerikaner in unserm Hause gewesen. »Do wird Ihr Schwester schö ufgucka«, sagte sie, selig, ihre Dankesschuld endlich abtragen zu können.
Der Amerikaner kam aber nicht, wenigstens nicht zu uns. Leider, denn sie hatte mich schon unterrichtet, ich dürfe keck »Gustävle« zu ihm sagen. »En ere halba Stond han i hussa, ob er Geld hot oder net. Hot er, no mueß er Ehna a ›Brosch‹ kaufa«, hatte sie vorausgesagt. Ich mußte sie lange trösten, als aus den herrlichen Versprechungen nichts wurde.
»Eh i sterb, lass' i Ehna ebbes arg Schön's sage«, versprach sie mir oft, »so ebbes Schön's hent Se en Ihrem Leba net g'hört.« Immer wollte ich, sie solle mir's jetzt schon sagen. Darauf ging sie aber nie ein; da half all mein Bitten nichts!
Aber etwas anderes Schönes durfte ich hören. »Wenn i en Hemmel komm, ischt mei erscht's, daß i em Heiland von Ehna verzähl.« – »Was erzählen Sie dann?« fragte ich. »Ja no, i woeß jo net, ob i glei nei därf, ob net grad andere Leut' bei ehm send.« (Sie dachte sich wohl eine Art Sprechstunde im Himmel.) »Aber wenn i nei därf, no sag i: ›Also do onte ischt oena, dera ihre Füeß laß no g'sond bleiba, daß se mit 80 Johr no d'Stiega ruf und nonter sprenga ka.‹ Ja wisset Se, i sag ›Du‹ zu ehm, er ist jo onser Bruader.«
Also war sie mit der Zeit doch selbstloser geworden, da

sie auch noch an andere dachte, denen meine Füße nützen könnten.
Als ich in jener Zeit einmal ihr Bett machte, sah sie mir wohlgefällig zu und sagte: »So, des sag i ehm au.«
Die letzte ihrer Bestrebungen, mit der sie den Gipfel ihrer Liebe zu mir ersteigen wollte, war wirklich komisch.
In Vertretung ihres Seelsorgers kam einmal ein junger Geistlicher zu ihr und stellte sich als »Stadtvikar« vor. Sie verstand Stadtmissionar und nannte ihn auch so. Im Laufe des Gesprächs erkundigte sie sich in eingehender Teilnahme nach seinen persönlichen Verhältnissen; unter anderem, ob er schon verheiratet sei, was er verneinte.
Daraufhin keimte nun in Frau Schondelmaiers Kopf ein vager Plan auf, dem sie aber so schnell wie möglich Gestalt zu geben suchte.
»I woeß Ehne a Frau«, vertraute sie ihm an, »a brav's christlichs Frauenzimmer, se het au ebbes Geld« – dann nannte sie ihm meinen Namen.
Zufällig wohnte der Herr »Stadtmissionar« bei uns.
So war ich beim nächsten Besuch vorbereitet. »Endlich kommet Se«, empfing sie mich, »i erwart Sia jo emmer mit Sehnsucht, aber so wia dös Mol no nia. Worom? Weil i Ehne a groß Glück parat han« – hier eine kunstvolle Pause –, »i woeß Ehne en Mann.«
Sie erwartete bei diesem Punkt entschieden eine Art Freudenausbruch. Als nichts dergleichen erfolgte, fuhr sie mit gesteigerter Wärme fort: »Wisset Se, hehlenga (insgeheim) dauret Sia mi scho lang, d'escht jo koe Anstalt, so alloe en der Welt romtappa. Also, bei mir ischt oener g'wä, so fei, so schö ond so brav – des wär a Mann wia g'schaffa für Sia. Stadtmissionar ischt er ond so liab, der tät au ihr Schwester mitnemma.«

Sie mußte aussetzen, da ihr der Atem ausging. So konnte ich einen schüchternen Einwand erheben. »Aber das wird ein junger Mann sein«, sagte ich, »und ich bin ja schon so alt.«
Ein vorwurfsvoller Blick traf mich. »D'escht ganz oens, wenn mer no en der Christlichkeit z'samme paßt, d' Johr teant nix zur Sach«, bedeutete sie mir. »I han's Eane scho oft g'sagt, an Ihre Backa dürft sich koe zwanzigjähriga schäma.«
»Aber liebe Frau Schondelmaier, Sie wissen ja gar nicht, ob er mich will«, wagte ich weiter zu widersprechen.
»Der will Sia freilich«, beruhigte sie mich, »den hättet Se solla schmonzla seha, wia i Ihr'n Nama g'sagt han.«
Das glaubte ich ihr nun aufs Wort. Und Frau Schondelmaier schwelgte weiter in Zukunftsbildern.
»Der schönscht' Tag von mei'm Leba wär's, wenn do hüba en der Leonhardskirch d'Glocka z'sammeläuta tätet ond 's tät hoeßa, d' Fräula Josehans hat Hochzeit mit em Herr Stadtmissionar.«
»Bei einer Hochzeit läuten die Glocken aber nicht«, sagte ich.
»Bei Ihrer müeßt se läuta, do will i scho sorga. Was moenet Se, no standet Se ganz anderscht do en der Welt, wenn Se saga könnet: ›Ich ben d' Frau Stadtmissionar‹.«
Vor lauter Aufregung hatte sie aber bei des Herrn Stadtmissionars Besuch ganz vergessen, nach seinem Namen zu fragen, den sie doch notwendig zu ihren Zwecken brauchte. Sie wußte nur, daß er wunderschön sei, und legte schon einen Zettel und einen Bleistift bereit, um ihn beim nächsten Besuch aufzuschreiben. Aber der blieb aus. Als ich das nächste Mal nach dem Herrn Stadtmissionar fragte, war sie sehr kleinlaut und sagte nur ärgerlich: »Der Labutsche goht jo nemme her!«

Fortan pries sie mir in hohen Tönen den ledigen Stand. Wieder kam der Sommer und mit ihm mein Abschied von ihr heran. Dieses Mal der letzte.
»Ach, wenn Se no scho über dia Meer d'rüba wäret!« höre ich sie noch jammern. »Und geltet se, wenn Sia sterbet, schreibt mer's Ihr Schwester, daß i net vergeblich paß', bis Se hoemkommet.«
Solange wir fort waren, hörte ich wenig von ihr. Nur, daß sie oft nach unsern Fensterläden sehen lasse . . .
Der Tag unserer Heimkehr war ihr Todestag.
Durch wiederholte Schlaganfälle war sie zeitweise bewußtlos geworden und hatte doch noch ins Krankenhaus gebracht werden müssen. In ihren Fieberphantasien wollte sie dort einmal fliehen und fiel auf der Treppe so unglücklich, daß sie ein Bein brach. Sie soll eine recht ungeduldige Kranke gewesen sein.
Schmerzlich habe ich bedauert, daß ich sie nicht mehr gesehen habe und sie nur noch zum Friedhof geleiten konnte, wo ich auch den treuen Hausgenossen traf.
Und die verheißungsvolle Botschaft, die sie mir vor ihrem Tode noch bringen lassen wollte, ist mir nun auch nicht geworden. – Was es wohl gewesen sein mag?

Frau Sauer, vormals Bullinger

So war in wenig geübter Schrift auf ein großes Blatt Papier geschrieben und an ihrer Türe befestigt. Sie hatte aber nicht etwa ein Geschäft von Frau Bullinger übernommen, sondern war einfach nach dieser ins Zimmer gezogen.

Sie war nicht so zufrieden und darum auch nicht so glücklich wie ihre Vorgängerin, Frau Schondelmaier. Ewig hatte sie etwas zu klagen und neidete ihren Nebenmenschen fast die Luft, die sie atmeten. Ihre Stube war ihr Sommers zu klein und heiß, Winters zu groß und kalt. Las ich ihr etwas vor, so konnte sie sich über Leute, denen's in der Geschichte gut ging, dermaßen ärgern, daß sie ganz aufgeregt wurde. Über solche, denen's äußerlich schlecht ging und die doch zufrieden waren, pflegte sie ungläubig den Kopf zu schütteln.

Die meisten Neidanwandlungen löste aber unschuldigerweise ich selber bei ihr aus.

Das Kleid, war's noch so abgetragen, den Hut, war er noch so alt, gab's nicht, den sie mir nicht neidete.

Ja, sogar als meine Haare anfingen, grau zu werden, war das ein Gegenstand der Mißgunst für sie. Immer habe sie sich gewünscht, bald graue Haare zu bekommen, da in der Bibel stehe: »Vor einem grauen Haupte sollst du aufstehen.« Das Ihre bleibe mit Fleiß braun.

»Ja, Sia hent's halt guat.« Das war der endlos wiederholte Refrain.

Höchst unnötig fand sie es, daß wir im Sommer verreisten, da wir doch in einem so gesunden »Klima« (so bezeichnete sie den dritten Stock) wohnten.

Meist kam ich am Nachmittag zu ihr. Da fragte sie mich jedes Mal, was ich zu Mittag gegessen hätte. »So«, seufzte sie nach meiner Antwort, »ond i han en Kaffee tronka. Ja, Sia hent's halt guat!«

So begann auch einmal eine vorwurfsvolle Rede über etwas, um das sich sonst die Menschen nicht zu beneiden pflegten. »Wenn Sia heut sterbet, wird koe Aug naß, Sia henterlasset amol gar koe Lucka. D'escht au äbbes wert, so ruhig sterba z'könnet. Ja, Sia hent's halt guet.«

Ein ander Mal sah sie mich zu einer Familie gehen, die mit ihr auf dem gleichen Stock wohnte. Ingrimmig klärte sie mich gleich über deren Verhältnisse auf: »Dene dürfet Se nex brenga, bei dene hot's koe Not, dia hent a Fäßle Moscht em Keller, ond d'Kender hent gelbe Stiefele.«

»Ond zur Müllere (eine andere, ihr bekannte Frau) brauchet Se au nemme z'laufet, dui kriagt B'suach g'nueg. Äll Woch beinoh kommt der Stadtpfarrer ond läßt zwoe Mark liega, ond a anderer Herr von der ›Armesekte‹ brengt ere au Geld.«

»Ond a Spottschand ischt's, daß d'Kärchere 's Kirchaopfer anemmt, ond ihre Mädla laufet sonntichs en Koschtimkleider rom ond lasset ihre Hüet bei der ›Medodischte‹ (Modistin) mache. Ond ihrem Enkele hot se zum Christtag a ›Antiquarium‹ kauft.« So gings fort; ich konnte gar nicht zu Wort kommen.

Sehr einverstanden war sie aber, als die Müllerin kurze Zeit darauf krank wurde und in das Spital gebracht werden mußte. »Dera hot scho lang ebbes g'hört, s'ischt höchste Zeit, daß dui anderscht wird, dui hangt no volla Schlacke«, urteilte Frau Sauer liebreich.

Nun kam ich eines Tages unerwartet zwischen 11 und 12 Uhr zu ihr. Der Schlüssel steckte von außen. Also war sie daheim.
Ich klopfte mehrmals. Als ich aber keine Antwort bekam, ging ich einfach hinein.
Wer steht da mitten in einem schmalzduftenden Qualm und einer Brotzelmusik drin, daß man mein Klopfen unmöglich hören konnte? Das war Frau Sauer, die im Mai, zur teuersten Äpfelzeit, die fettsten goldbraunen Äpfelküchle in der Pfanne schwimmen ließ.
Jetzt wußte sie sich aber vor Verlegenheit gar nicht zu helfen.
»Sitzet Se doch!« forderte sie mich auf. Aber auf einem Stuhl stand die Teigschüssel, auf dem andern allerlei Küchengeräte.
»Wellet Se net mithalta?« fuhr sie fort. »I mach guete, die müasset em Schmalz schwemma, ond de bescht Äpfelsorta han i au gnomma, d'escht a Hauptsach.«
Das sollten nämlich lauter Entschuldigungen sein. Sie war so verlegen, daß sie mir ordentlich leid tat. Ich wäre nicht imstande gewesen, ihr Vorwürfe zu machen.
»Heute haben Sie's auch einmal gut«, sagte ich nur und empfahl mich.
Merkwürdig, von diesem Apfelküchlesschmaus an war sie weniger mißgünstig, wenigstens mir gegenüber. Sie gönnte mir jetzt von Herzen meine grauen Haare, mein gutes Essen und Klima und selbst das Nichtbeweintwerden nach meinem Tod.
Einmal fragte sie mich im Vertrauen, ob ich's damals niemand gesagt habe. Sie hätte ganz vergessen, die Türe zu schließen. Als ich verneinte, war ihr das wie eine Offenbarung höheren Menschentums. Ihre Rührung ging so weit, daß sie mir ihr »Lüsternkleid«, das sie kaum

einige Male auf dem Leib gehabt habe, um annehmbaren Preis zum Kaufe anbot. Ja, als sie kurze Zeit darauf in das Spital übersiedelte, wollte sie mir vorher ihren Spiegel, der ihr besonders schön vorkam, sogar schenken. »Lasset Se den schöna Spiegel net naus«, beschwor sie mich, »der ka sich überall seha lasse. Ond s'ischt jo au net ganz onmöglich, daß Sia no en Mann kriaget – no ischt der Spiagel mei Hochzichschenke.«
Das war dann doch noch ein versöhnender Ausgang.

Frau Döhlemann

Zeugnis

Ich und Frau Döhlemann haben vier Jahre in einem Hause gewohnt und habe ich Frau Döhlemann kennen gelernt als gutmütig, bescheiden, gottesfürchtig, wahrheitsliebend, kinderlieb, selbstlos, dienstfertig, verträglich, reinlich, fleißig, ehrlich, freigebig und tüchtig im Haushalt. Sie gab gerne Almosen und tat Gutes, wo sie konnte. Ihr zugefügtes Unrecht duldete sie stillschweigend und ohne sich zu rächen. Ihrem Mann war sie eine liebevolle, treue Ehegattin und geduldige Pflegerin. Sie ist eine große Tierfreundin; mit rührender Sorgfalt pflegte sie kranke Tiere und fütterte im Winter die Vögel. Und kann ich Frau Döhlemann nur schildern in jeder Beziehung als eine rechtschaffene, ehrenhafte, tugendhafte und charakterfeste Frau.

Frau Etna, Schlosserswitwe

Denkendorf, den 17. Okt. 1899.

Muß angesichts solchen Lobs nicht jedermann an seine Brust schlagen, tief beschämt im Gefühl eigener Unzulänglichkeit? Eigentlich bleibt da nicht mehr viel zu sagen übrig. Auch mir nicht, da ich die Trägerin dieser Tugendlese nur kurz gekannt habe.

Im ältesten Haus Stuttgarts hat sie gewohnt. Beim Eintritt in dasselbe grüßen einen die Worte:

»Grüß Gott in Stuttgarts ält'stem Haus,
Geh ehrbar ein, geh ehrbar aus.
Dem Nächsten hilf mit Herz und Hand,
Treu diene Gott und Vaterland!«

Dieser schöne Vers hat Frau Döhlemann bewogen, dort einzuziehen. In dem Haus, habe sie gedacht, könne es einem nicht schlecht gehen.

Und sie konnte sich nicht genug wundern, daß sie auch dort recht trübe Tage sah. Mit den Leuten, die mit ihr auf demselben Stock wohnten, hatte sie sich verfeindet; von ihnen durfte sie in ihrer Krankheit nicht die geringste Teilnahme erfahren. Ihr Zimmer, ihr Bett waren in einem jämmerlichen, verwahrlosten Zustande; man sah wohl, daß seit Monaten keine ordnende Hand gewaltet hatte. Sie selbst lag meist im Bett, trug eine zottige, rötliche Perücke, große silberne Ringe in den Ohren und war statt der Bettjacke mit einer zerrissenen, aber spitzenbesetzten Taille bekleidet.

Anfangs hielt ich sie für eine Mulattin oder Zigeunerin und war ganz erstaunt, als sie mir erzählte, ihr Vater sei Gefängnisaufseher in unserem Württemberger Ländchen gewesen. Die meisten ihrer Tugenden scheint sie von diesem Vater geerbt zu haben. Nach ihrer Schilderung muß er ein selten vortrefflicher Mann gewesen sein, der auch sein Amt seinerzeit nicht etwa aus Mangel an Treue, sondern einzig und allein »Altertums« wegen niedergelegt habe.

Aber auch die übrigen Glieder ihrer Familie rühmte sie als fein und gebildet. Die Schuhe z. B. seien bei ihnen zu Hause mit crême geputzt worden, und ein ganz naher Verwandter ihrer Mutter sei Gerichtsdiener gewesen.

Zu meiner Verwunderung versicherte sie mir noch, daß

sie sehr »eklig« sei. Das mußte aber entschieden Einbildung sein, denn nach einer Weile bat sie mich, ihr aus einem sehr schmutzigen Kännchen Wasser in ein noch schmutzigeres Glas zu gießen. Dahinein warf sie ein paar Zuckerstückchen, rührte diese mit der denkbar schmutzigsten Zahnbürste, die eben auf dem Tisch lag, um und trank's mit Wohlbehagen.

Aber seltsam, etwas war da, das brachte in den düsteren Ort eine Art von Romantik, der sich dem schmutzigsten Winkel mitteilte. Ein weißes Täubchen, schneeweiß, mit glänzenden Federn und einem rosa Schnäbelchen, flog da herum, setzte sich bald auf die Bettdecke der Alten und spazierte da mit nickendem Köpfchen auf und ab; flog auf den dunklen, alten Kleiderkasten und gurrte herunter: »Ukruu, ukruu.«

Bei meinem ersten Besuch war's scheu und kam mir nicht nahe. Das nächste Mal aber kam's auf den Tisch, gerade vor meinem Platz. Es war, als verneige es sich fortwährend, und rührend klang das Ukruu.

»Es bedankt sich bei Ihnen«, sagte Frau Döhlemann, »weil Sie freundlich mit mir sind.«

Mich mutete die Frau immer seltsamer an. Vollends, als eines Tages bei einer raschen Bewegung ein Häufchen schmutziger Karten aus ihrem Bett fielen. Da wußt' ich, sie war eine Wahrsagerin.

Ich versuchte, mit ihr darüber zu sprechen und ihr das Unrechte ihres Tuns vorzustellen. Aber sie sah mich verständnislos aus ihren tiefliegenden schwarzen Augen an und schüttelte den Kopf: Sie betrüge niemand, und ihr Geld sei redlich verdient. Das Blumenmachen, das sie zuerst getrieben habe, hätte ihr den reinen Hungerlohn abgeworfen; Kartenschlagen sei dagegen bedeutend einträglicher.

Dabei verglich sie dasselbe harmlos mit andern »Rätsellösungen«, die ihr z. B. im »Christenboten« schon öfters gelungen seien.
Wünsche hatte sie nicht viele, obwohl sie oft sichtbar Schmerzen litt. Aber für meine Besuche war sie dankbar, das merkte ich am Täubchen.
Nur einmal machte sie mich auf das ruhmvolle Zeugnis aufmerksam mit dem Bedeuten, es zu durchsichtigem Zweck beim Lokal-Wohltätigkeits-Verein vorzuzeigen. Bei dieser Gelegenheit bat sie mich auch inständig, ihr doch nur einmal noch ihr Lieblingsgericht zu bringen, nach dem sie sich schon seit Jahren sehne: in Salzwasser gekochten Karfiol (Blumenkohl), – ein Wunsch, selten und wunderbar wie die ganze Frau.
Nach einigen Tagen bereitete ich ihr das Gewünschte und trug es gegen Mittag hin. Da kamen mir schon Kinder auf der Treppe entgegen und sagten mir, Frau Döhlemann sei in der Nacht gestorben.
Förmliche Klagelaute tönten aus dem Sterbezimmer, in dem das Täubchen verscheucht hin und her flatterte. Ich hatte Mitleid mit dem Tierchen, sorgte darum, daß es in seinen Käfig und aus dem Zimmer gebracht wurde. Eine Frau, die der Verstorbenen ihre Wäsche besorgt und stets große Freude an dem Täubchen gehabt hatte, nahm's in ihre Obhut.

Frau Hald

Und jetzt taucht wieder ein anderes Gesicht vor mir auf. In dem steht die bescheidenste Seele geschrieben, die ich unter meinen Weiblein gehabt habe. Stundenlang stand sie an unserer Haustüre, wenn sie irgendein Anliegen an mich hatte, geduldig wartend, bis ich aus oder ein gehe. Jetzt noch, wenn ich an trüben, unwirtlichen Abenden heimkomme, sehe ich immer die hagere Gestalt müde am Staffelgeländer lehnen, die Augen wartend auf die Straße gerichtet.
Klein und bescheiden waren die Anliegen, die sie allemal hatte, die arme Frau Hald; und ach, es dauerte nicht lange, so konnte sie nicht mehr drunten auf mich warten. Sie wurde so krank, daß der Arzt sie ganz ins Bett sprach, und von da an kam ich ab und zu in ihre Wohnung. Ärmlich war's freilich bei ihr, aber so rein und heimelig, daß man sich wohlfühlen mußte. Und glücklich war sie über ihr Heim! Voll Freude machte sie mich z.B. auf eine nahe Laterne aufmerksam, die ihr jeden Abend das Licht erspare!
Von Schattenseiten des kleinen Zimmers sagte sie nie etwas, bis ich sie eines Tages bei anhaltendem Regenwetter besuchte. Saß da meine gute Frau Hald mit aufgespanntem Regenschirm im Bett, aber ganz zufrieden mit diesem Schutzmittel. In der Nacht hatte es dermaßen hereingeregnet, daß ihr Bettzeug zum Auswinden naß war. Natürlich ging ich gleich zum Hausbesitzer, um ihm die Sache zu melden, und als dieser Anstalt traf, dem

Schaden abzuhelfen, war die Kranke bis zu Tränen gerührt.
Von anderer Seite hatte ich gehört, daß ihr Mann ein roher, wüster Mensch gewesen sei, unter dem sie viel gelitten habe. Aber nie kam mir gegenüber eine derartige Klage über ihre Lippen. Im Gegenteil sprach sie mit großer Liebe von ihm.
Ohne Murren schickte sie sich auch in die schweren Krankheitstage, die über sie beschlossen waren, fest überzeugt, daß ihr Heiland es nur gut mit ihr meine.
Als die Krankheit beschwerlicher und sie selbst pflegebedürftiger wurde, riet ihr der Arzt, doch lieber ins Krankenhaus zu gehen. Gehorsam befolgte sie auch diesen Rat, und ich weiß, wie gern sie doch in ihrem Stübchen gestorben wäre. Sie ordnete in größter Ruhe ihren kleinen Haushalt und traf ihre Bestimmungen, was nach ihrem Tod mit ihrer Hinterlassenschaft geschehen solle. Mir händigte sie ihren Sparkassenschein mit 200 Mark ein, indem sie errötend meinte, den möchte sie mir hinterlassen.
Ich hätte natürlich Verwendungen ohne Zahl für dieses Vermächtnis gehabt. Da ich aber wußte, daß Frau Hald eine Schwägerin auf dem Land wohnen hatte, die das Geld auch gut brauchen konnte, bestimmte ich sie, diese als Erbin einzusetzen.
Bei meinem ersten Besuch im Spital fand ich sie schon viel elender. Sie konnte vor schwerem Atmen kaum sprechen, hatte aber ein ganz verklärtes Aussehen. Nicht genug konnte sie rühmen, wie gut sie von der Schwester verpflegt werde. »Keine Fürstin hat's besser«, sagte sie und ganz geheimnisvoll dann: »Sogar Champagner krieg ich.« Die Schwester unterrichtete mich, daß der Arzt ihr Ende für nahe halte. Da ging ich den an-

dern Morgen wieder hin und brachte ihr noch ein paar Blumen. Sie gab mir die Hand und sah mich an – so unbeschreiblich liebevoll und dankbar, daß ich den Blick nie vergessen werde. Eine Stunde darauf entschlief sie, meine Blumen noch in der Hand haltend.

Frau Patent

Unsere Freundschaft entsprang eigentlich einer Feindschaft, und diese Feindschaft hing mit den »Kutterkisten« (Müllkisten) zusammen, die früher, aus solidem Holz verfertigt, vor unserem Hause prangten. Frau Patent mißverstand nämlich völlig den Zweck derselben; immer wieder kam's vor, daß sie eine mitnahm und damit ihre Stube heizte.

Augenscheinlich fand sie gar nichts Ungehöriges darin; denn als ich sie einmal kurz nachher besuchte, zeigte sie sich recht unbefangen und kindlich heiter. Ja, im Lauf des Gesprächs klagte sie sogar bitter über ihren Mann, der achtlos an allem Holz vorbeigehe und noch nie ein Scheitle mit heimgebracht habe.

Jetzt aber war sie krank, sehr krank, und lag in dem dunklen Stübchen ihrer Souterrainwohnung allein und ohne Pflege. Ihr Mann war Packträger. Er ging den ganzen Tag seiner Arbeit nach und kam nur um die Mittagszeit heim, um in der im Hause befindlichen Kostgeberei einen Teller Suppe zu essen.

Sie hatten freilich ein Kostkind, ein vierjähriges Mädele, das im Gräbele zwischen ihrem und ihres Mannes Bett schlief. Aber das mußte selbst gepflegt werden, und bald entschied der Arzt, man müsse für das Kind eine andere Unterkunft suchen. Darob war Frau Patent sehr ungehalten. »Dös sei halt a ganz g'schecketer, der Doktor; der versteh überhaupt nex. Dös müeß a norddeutscher Russ' sei.«

Um diese Zeit stellte ich mich als täglicher Besuch, der bald volles Hausrecht genießen sollte, bei der armen Packträgerin ein.
Sie fand's sehr natürlich, daß ich ihr beim ersten Besuch das Bett mit einem mitgebrachten Überzug bezog, und meinte nur so obenhin, jetzt liege sie noch einmal so »appetitlich« in ihrem Nest, eine Steigerung, die ich nicht ganz verstehen konnte.
Am andern Tag stellte sich ein »Vetterle« vom Land ein, der sich bereit erklärt hatte, das Pflegekind aufzunehmen. Auf Befehl Frau Patents mußte ich der Kleinen ein sehr buntes Kleid anziehen, das bis zur Erde hing, dazu einen gehäkelten, sehr zerrissenen Kragen, der einem Erwachsenen gehört haben mußte, und ein Strohhütle mit weißem Schleier aufsetzen. In der Hand ein Anisstängele, im Mund ein Stück Zucker: So trat »'s Annale« wohlgewappnet ihre Reise in die Welt an.
Ich schaute ihr nach, wie sie an des Vetters Hand gehorsam die vielen Staffeln unserer Straße hinunterstieg, bis das rote Kleid hinter der Ecke verschwunden war. Armes Annale! Dunkel und unbekannt war deine Vergangenheit, wie wird deine Zukunft sein! – Von ihren Eltern wußte Frau Patent tatsächlich nur, daß ihre Mutter »durch die Latten«, d.h. durchgegangen sei.
Daß mir das arme Kind leid tat, konnte sie absolut nicht verstehen. »Dui braucht Sia net z'dauret«, versicherte sie, »dui kriagt's guet. Mein Vetterle ischt a Bäck, was moenet Se, dui kriagt älle Tag warme Wecka!« Als ob warme Wecken der Gipfel des Lebensglücks wären!
Teilnehmende Leute der Nachbarschaft schickten der Kranken allerlei gute Sachen. Die mußte ich auf einer großen Kommode, die neben ihrem Bett stand, der Reihe nach aufstellen. Da gab's gekochte Äpfel, ein

Restle Heringsalat, Eingemachtes, verschiedene zerbrochene Anisstängele, Orangenschnitze, Zuckerle, ein Stückchen Pudding, Himbeersaft in einem Arzneifläschchen und ein paar altbackene Christtagsgutsle.
»I lieg jetzt a bisle nom und schlof«, pflegte sie des öfteren zu sagen. »Nach was Sia's g'luschtet von dene Sacha, des dürfet Sia essa!« Herz, mein Herz, was willst du mehr! Und täglich kamen neue Sachen dazu, und täglich wurde die ganze Ausstellung staubiger.
Im Hause selbst durfte sie auch manche Guttat erfahren. Der Sohn der Hausbesitzerin lag damals todkrank im letzten Stadium der Schwindsucht. Derselbe war rührend darauf bedacht, daß man von allem, was er gutes zu essen bekam, auch der kranken Frau Patent ein Versucherle schicke.
Diese dagegen war in ihrem Fühlen ihm gegenüber viel weniger rührend. Jedesmal geriet sie außer sich, wenn sie hörte, es gehe Alfred (so hieß der Kranke) etwas besser. »Ja no, morga wird's scho wieder schlechter geha«, sagte sie sich dann zum Trost. »Von der Schwendsucht ischt no koener g'sond worda.«
Allwöchentlich bekam sie Besuch von einem Fräulein vom Krankenverein. Mir fiel es auf, daß sie da jedesmal anscheinend in einen tiefen Schlaf sank. Kaum schloß sich aber die Türe hinter dem Besuch, so war man auch schon wieder glockenhell wach und begann weidlich zu schimpfen: »Wenn no dui fortbleibe tät, dui will mer emmer fort meine Füeßle wäscha, ond s'ischt no koe Johr, daß i's g'wäscha han!«
Diese schreckliche Anklage beruhte freilich auf Wahrheit; denn da Frau Patent immer über kalte Füße klagte, meinte es jenes Fräulein nur gut mit ihr.
Gegen mich wurde sie übrigens immer zutraulicher und

fand es selbstverständlich, daß ich so ziemlich den ganzen Tag bei ihr zubrachte. Sie fürchte sich so vor dem Alleinsein, sagte sie oft. Daß ich zum Mittagessen nach Hause ging, leuchtete ihr gar nicht ein. Wo doch auf der Kommode eine so große Auswahl bester Leckerbissen für mich bereit stände!

»Was brauchet Se denn emmer fortz'pfefferet, i han's Eane doch scho oft g'sagt: Sia könnet von ällem essa, bloß mei Ma net.«

»S'isch mer au liaber, wenn Sia bei mer send, Fräule Mariele, dia Mannsleut send so dappich; der mei schmeißt älles vorher uf da Boda, eh i's kriag.«

Öfters las ich ihr etwas vor, hatte aber dabei den Eindruck, als denke sie ungefähr so: Wenn die schon den ganzen Tag bei mir sitzt und mir manches zu lieb tut, so muß ich ihr schon auch einen Gefallen tun. Ich hör eben in Gottes Namen an, was sie liest und schwätzt. S'ist schließlich besser, als wenn sie mir auch meine Füße waschen wollte!

Einmal wurde ich nach Tisch aufgehalten und kam erst gegen drei Uhr zu ihr. Als ich ein Buch zur Hand nehmen wollte, wehrte sie energisch: »Heut brauchet Se nex meh z'lesat, vorich ischt der Stadtpfarrer do gwä ond hot a g'schlagena halba Stond fescht betet.« Und dann recht herablassend: »Heut könnet Se überhaupt ebbes für sich schaffa; vor fenfe brauchet Se net wieder z'kommet – ich kriag B'suech.«

Der Besuch war ein Quacksalber, der ihr allerlei Mittelchen verordnete und verhieß, sie werde wieder gesund werden. Ach, und alle sahen doch, daß sie nicht mehr lange zu leben hatte, auch ohne die Base, die sie besuchte und sich dann beim Doktor erkundigte, ob Frau Patent »sterblich« sei.

Der Quacksalber hatte ihr nur geschadet und sie schrecklich aufgeregt. Dazu war sie in beständiger Sorge, ihr Hausarzt könne von dem Schwindler etwas erfahren, und bat alle Leute, auch solche, die gar nichts davon wußten, dringend um Stillschweigen.
An ihrem letzten Lebenstag war sie ganz still und schlummerte meist. Als ihr Mann zu Mittag nach Hause kam, machte er mit der Hand eine sehr komische, verneinende Bewegung und sagte auf sie zeigend: »Heut isch nex mit ere, heut isch se net danne (bei sich). Se hot me g'frogt, wia n'i dean Morga fort ben, ob i uf Tuachmeß gang, ond dui ischt doch scho lang gwä; noe, dui isch et danne.«
Er fühlte offenbar das Bedürfnis, sich noch einmal als liebender Gatte zu zeigen, näherte sich ihrem Bett und fragte: »Soll e de nufflupfa?«
Sie blieb ganz still, und er machte mir gegenüber wieder die komische Handbewegung und wiederholte: »Se isch et danne.«
Noch einmal beugte er sich zu ihr herab und fragte in sanft sein sollendem Ton: »Soll i dir dei Nase putza?« (Es war gar nicht nötig.) Unwillig wandte sich die Kranke zur Seite. Man sah, sie wollte ihre Ruhe haben. Und noch einmal flüsterte er, überzeugt von seiner scharfen Beobachtungsgabe, mir zu: »Se isch et danne!« Eben wollte ich ihn bitten, sie doch nicht weiter zu stören, da hatte er auch schon, über das Bett gebeugt, die dritte Frage an sie gerichtet: »Wer ben i?«
Jetzt war's meiner Frau Packträger zu bunt. »Du Boppel!« hauchte sie noch recht vernehmlich und kehrte sich wieder zur Seite.
»Se isch danne! Se hot me kennt!« rief er, und ein Leuchten der Freude ging über des Mannes Gesicht,

ganz, als ob sie ihm das liebevollste Abschiedswort gesagt hätte. Es war auch ihr letztes Wort.
In der Nacht darauf schlief sie ruhig ein.
Als unser Hausmädchen am andern Morgen die Straße kehrte, kam der Packträger auf sie zu und sagte: »Saget Se derhoemte Ihrer Herrschaft, d'Frau Patent sei heut nach abg'segelt.«
Das Mädchen war über diesen Ausdruck ganz entrüstet. Ich weiß aber gewiß, er wollte nicht Scherz treiben, sondern sich nur möglichst hochdeutsch ausdrücken.
In seiner Art trauerte er aufrichtig um seine Frau.
Ein paar Wochen nach ihrem Tod teilte er mir unterwegs einmal mit, seine Strumpfsocken seien alle zerrissen. Ich gab ihm den Rat, sie doch durch seine Wäscherin flicken zu lassen. Da schaute er mich dumm an und ging weiter. Aber nach wenigen Tagen stattete er mir mit dem Bäckersvetterle und dessen siebenköpfiger Familie einen Besuch ab und stellte mich ihnen sehr gewandt vor: »Dui do hot mei Frau bedeant.«